일상의
곳곳에서
만나는

흔하지만 근사한
20가지
경제학 인사이트

일상 곳곳에서
내 삶의 **변화**를 만드는

20가지 경제학 인사이트

저자 이승도

- 서울 오산고등학교 졸업
- 서울대학교 경제학부 우등졸업(Cum laude)
- 삼성전자 개발팀 Software Engineer 근무(2015~2017)
- 성균관대학교 근무(2018~현재)
- 《대기업, 금융권, 공공기관, 교직원 20곳 이상 실제 면접 후기》 출간(2023.4.) (ebook 출간 2022.11.)
- 《뼛속까지 문과생도 단번에 이해하는 쉬운 말로 풀어 쓴 머신러닝 이야기》 출간(2023.7.) (제2판 출간 2024.11.)
- 라이프타임 커리어 플랫폼 '인프런(Inflearn)' 강사 (2024.11.~ 현재)

목 차

INSIGHT 01　　　　　　　　　　　　　11
메이저리거와 대기업 임원의 공통점
강남의 비싼 땅값과 손흥민 몸값의 공통점

INSIGHT 02　　　　　　　　　　　　　25
시험에 청춘을 바치는 젊은 고시생들
평범한 직장인이 부업으로 돈 벌기가 힘든 이유

INSIGHT 03　　　　　　　　　　　　　34
수많은 초보 유튜버들이 실패하는 이유
명예와 부를 동시에 이루기가 어려운 이유

INSIGHT 04　　　　　　　　　　　　　42
장례식장의 경제학
훈련소 앞 식당에 맛집이 없는 이유

INSIGHT 05　　　　　　　　　　　　　49
서울대 진학률이 높은 학교의 비밀
하지 말라는 투자만 골라서 해야 큰 돈을 버는 이유

INSIGHT 06　　　　　　　　　　　　　58
취업 면접이 점점 어려워지는 이유
홈쇼핑과 공인중개사의 공통점

INSIGHT 07　　　　　　　　　　　　　　75
변호사가 영상편집을 배우는 이유
한겨울 바닷가 횟집과 텅 빈 영화관이 영업을 하는 이유

INSIGHT 08　　　　　　　　　　　　　　84
빚 내서 집 사는 투자가 성공률이 높은 이유
오르지 않는 월급과 늘어나는 나랏빚의 공통점

INSIGHT 09　　　　　　　　　　　　　　93
나도 모르게 가입된 자동결제와 사이렌 오더의 공통점
내 아이 돌잡이 때 판사봉을 잡게 하는 방법

INSIGHT 10　　　　　　　　　　　　　　101
핸드폰과 가전제품의 라인업이 다양한 이유
영화 조조할인과 항공권 비즈니스 좌석의 공통점

INSIGHT 11　　　　　　　　　　　　　　110
한국은행이 만드는 피그말리온 효과
칭찬과 달러의 공통점

INSIGHT 12　　　　　　　　　　　　　　118
선생님 눈에 잘 띄기 위해 경쟁하는 아이들
가짜 뉴스와 사이버 렉카가 범람하는 이유

INSIGHT 13　　　　　　　　　　　　　　127
내가 판 주식은 오르고 내가 산 주식은 떨어지는 이유
중고 마켓 속 내가 사려는 매물이 항상 비싼 이유

INSIGHT 14　　　　　　　　　　　　　　138
미래의 나에게 베팅하는 합리적인 방법
창업과 부동산 투자의 공통점

INSIGHT 15　　　　　　　　　　　　　　147
초보 투자자가 늘 수익을 내는 이유
독서와 RPG 게임의 공통점

INSIGHT 16　　　　　　　　　　　　　　157
모르는 문제는 한 번호로 찍는 것이 더 유리한 이유
모든 중독에 절대로 빠지지 않는 법칙

INSIGHT 17　　　　　　　　　　　　　　166
비트코인 채굴자와 유치원생이 보상을 얻는 방식
디지털 폐지 줍기와 피부과 치료의 공통점

INSIGHT 18　　　　　　　　　　　　　　174
고객의 마음을 사로잡는 할인과 이벤트의 법칙
비즈니스 협상과 학생 수행평가의 공통점

INSIGHT 19　　　　　　　　　　　　　　187
감정이 투자를 망치는 이유
안전하다고 느끼는 투자가 알고 보면 위험한 이유

INSIGHT 20　　　　　　　　　　　　　　202
무례를 파격으로 바꾸는 방법
'진짜'는 늘 조용하다, 졸부와 재벌의 차이

서문

 어릴 적 두려움이 없고 자신감이 넘쳤던 우리는 나이를 들어가며 점점 두 눈을 감고 두 귀를 닫고 자신을 작은 새장에 가두며 시야를 좁혀 갑니다. 선생님의 눈에 먼저 띄기 위해 앞다투어 손을 번쩍 들던 우리는 이제는 혹시나 눈에 띄어 지목당할까 하는 두려움에 쥐 죽은 듯 얌전히 있는 경쟁을 합니다. 세상을 바꾸겠다며 야망과 포부를 가졌던 그때의 우리는 이제는 한없이 작은 내 존재와 능력을 한탄하며 세상에 적응하는 법을 배우려 애씁니다.

 한때는 열정과 패기라 불렀던 도전을 이제는 무모함이라 말하고, 한때는 비겁하고 용기 없다고 생각하던 물 흐르듯 유연하게 사는 인생을 이제는 현명하다고 여깁니다. 불가능에 도전하는 이를 어리석다고 말하고 누군가의 남다름을 틀린 것이라고 손가락질합니다. 그러나 수많은 역사는 불가능에 도전해서 최초를 만든 사람들에 의해 이루어졌습니다. 그리고 우리는 이들을 선구자라고 부릅니다. 불가능은 최초를 만들고, 최초는 누군가의 선례가 됩니다.

포기가 익숙한 수많은 사람들이 가능성을 실패로 만들고 실패가 또 다른 누군가의 단념을 낳을 때, 성공한 사람들은 수많은 실패 사례를 보고 단념하기보다 성공한 극소수의 선례를 보며 그 이유를 궁금해하고 배우려 합니다. 남들이 한 치 앞만 볼 때 그들은 한 단계 위에서 시대를 조망하고 역사를 통찰하는 넓고 커다란 안목과 시야를 만들어 갑니다.

경제학은 이러한 안목과 통찰을 갖추는 데 생각지도 못한 일상의 곳곳에서 큰 도움이 됩니다. 내가 모르는 사이 내가 느끼는 감정이 내 투자를 얼마나 망치고 있는지, 왜 내가 산 주식은 떨어지고 내가 판 주식은 늘 오르는지, 대출을 받지 않는 것보다 대출을 받아 효율적으로 활용하는 것이 왜 경제학적으로 더욱 합리적인 선택인지, 왜 안전하다고 느끼는 투자가 더 위험한 투자일 수 있는지에 대하여 경제학은 명쾌한 설명과 이해를 제공해 줍니다.

이 책은 근사한 경제학적 통찰과 안목을 흔한 일상 곳곳의 다양한 사례들을 통해 접할 수 있도록 하는 데 그 목적을 두었습니다. 이 책이 여러분의 일상 속 작은 변화를 만드는 데 조금이나마 도움이 될 수 있기를 진심으로 바랍니다.

2024년 11월
상현동에서, 이승도

INSIGHT 01

메이저리거와
대기업 임원의 공통점

강남의 비싼 땅값과
손흥민 몸값의 공통점

우리는 한 번쯤 직접 만든 크림소스로 파스타를 만들고 싶은 때가 있다. 마트에서 직접 구입한 양파, 베이컨, 우유, 버터, 밀가루, 치즈 등의 재료들로 직접 크림소스를 만든다고 하면, 위의 재료를 다 합친 원가는 2만 원 남짓밖에 되지 않지만 10인분이 훌쩍 넘는 분량의 소스를 만들 수 있다. 하지만 마트에서 이미 완성된 상태로 예쁜 통에 담겨 판매되고 있는 크림소스를 구매한다면 2만 원 남짓의 소스로 2인분 남짓의 크림소스를 만들기도 어렵다.

마트에서 크림소스를 구입해본 적이 있는가?
그 양과 가격은 얼마나 되었는가?

그런데 우리는 보통 생활비를 절약하기 위해서 요리를 한다. 막상 가격을 따져 보면 식당에 돈을 주고 사 먹는

요리나 내가 한 시간이 넘게 땀을 뻘뻘 흘리며 만든 요리나 들어간 비용은 비슷한 것 같다. 그렇게 설레는 마음으로 요리를 시작해 본 많은 자취생들이 불과 며칠 만에 요리의 꿈을 접고 동네의 맛집들을 섭렵하게 된다.

요리 입문자의 의욕을 사라지게 만드는 이러한 차이는 잘 손질되고 깨끗이 데치고 씻겨 나온 감자와 내가 직접 껍질을 벗기고 씻기고 데쳐야 하는 감자의 차이에서도 마찬가지이다. 똑같은 감자일 뿐인데 왜 손질된 감자와 손질해야 하는 감자는 가격이 다를까? 똑같은 재료들로 만든 소스인데 왜 이미 만들어진 소스는 훨씬 비쌀까?

손질된 감자를 잘라서 팬 위에 굽는 건 사실 별로 어려운 일은 아니지만(요리를 한 번이라도 시도해 본 분이라면 말이다), 손질되지 않은 감자를 껍질을 벗겨서 끓는 물에 데치고 찬물에 식히는 건 어렵기도 하거니와 번거롭기까지 한 일이라서 할 줄 모르는 사람이 더 많고, 할 줄 알더라도 굳이 그 에너지를 들일 바에 안 하고 돈 주고 손질된 감자를 사 먹겠다고 하는 사람이 더 많다. 감자를 사는 입장이 아닌, 감자를 손질하고 포장해서 파는 입장에 잠시 감정이입을 해 보자. 내가 그렇게 열심히 손질해서 깨끗하게 포장한 감자는 당연히 아무것도 손질 되지 않은 날것 그대로의 감자에 비해 당연히 많이 받고 싶어 할 것이다. 안 그러면 내가 들인 시간과 노력이 낭비되는 것 같아 억울하고 허무할 것이니까 말이다.

**감자를 손수 손질하는 데에는
상당한 시간과 노력이 든다.**

사실 감자를 만들어 파는 상인은 의류 매장에서는 옷을 구매하는 소비자이다. 옷가게 사장님은 김치찌개 맛집에서는 소비자이다. 내가 아무것도 만들어 팔지 않는 대학생이더라도 우리 부모님은 고깃집 사장일 수도 있다. 나는 돈이 없기 때문에 내가 가는 고깃집의 가격은 저렴하길 바라면서도 우리 부모님의 고깃집은 비싼 고기에 많이 팔리길 바라고, 내 자식이 아르바이트를 하는 고깃집 사장은 많은 월급을 주기를 바라지만 내가 고용한 아르바이트는 돈보다 열정과 노력이 넘치길 바라는 마음은 누구나 갖는 당연한 사람의 심리이다. 그래서 우리는 감정이입의 범위를 좀 더 넓힐 필요가 있다.

 아무튼, 감정이입과 공감 얘기는 뒤로 하고, 감자 얘기로 다시 돌아오자. 이처럼 내가 하지 못하는 일을 누군가가 대신 잘 해주는 능력에 대한 대가가 바로 가격에 반영된 것이고, 그렇기 때문에 손질된 감자가 손질해야 하는 감자보다 더 비싼 것이다.

 내가 하지 못하는 일을 누군가 대신 잘 해줄 수 있는데, 그 일을 대신 잘해줄 수 있는 사람의 수가 적을수록, 그 일을 나 대신 해주길 바라는 사람이 더 많을수록 그 가격의 차이는 더 커질 것이다. 한정된 능력을 갖춘 사람일수록 더 높은 가격을 부를 것이고, 그 능력이 필요한 사람들이 더 많아서 대기 번호가 더 많아질수록 더 높은 가격에도 어쩔 수 없이 그 가격을 지불해야 할 것이기 때문이다. 즉, 중요한 것은 '한정된 능력자의 수'이다. 이것이 돈을 만드는 것이다. 다르게 말하면, 꼭 필요한 자원이 희소할수록 경제적으로 더 가치가 있다.

첫 번째로, 필요해야 한다. 아무리 능력자의 수가 제한되어 있더라도 아무도 필요로 하지 않으면 누구도 그에게 돈을 지불하지 않는다. 예컨대 여러 개의 새우깡 조각들의 미세한 모양의 차이를 구별해서 그 미세한 맛의 차이를 구별하는 능력을 가진 새우깡 감별사가 전 세계에 딱 한 명 있다고 하자. 필자의 상식선에선 아무도 그 능력을 필요로 하거나 궁금해 하지 않는다(만약 그런 사람이 있다면 필자의 좁은 시야를 양해해주길 바란다). 따라서 그 사람이 자신의 능력을 여기저기 자랑하고 떠벌리고 다녀도 누구도 그 능력에 대해 돈을 지불하려고 하지 않을 것이다.

천재적인 새우깡 감별사를
돈 주고 고용할 것인가?

두 번째로, 능력자의 수가 제한되어야 한다. 건물을 쓸고 닦고 청소하는 일은 잘 할 수 있는 사람이 너무나 많다. 무거운 벽돌과 자재를 나르는 일도 잘 할 수 있는 사람이 셀 수 없이 많다. 내가 특별히 청소나 벽돌 나르기를 더 잘한다고 해서 더 많은 가치를 요구하기가 힘들다. 만약 더 많은 가치를 요구한다고 할지라도 매우 작은 범위에 지나지 않으며, 그 이상의 가치를 요구하면 건물주와 공사 반장은 월급을 올려주는 대신 원래 월급으로 다른 사람을 고용하는 편이 더 낫다. 능력자의 수는 내 주변에 한정되는 것이 아니다. 이 일을 잘하는 사람이 내가 고용한 사람 중에 부족하더라도 금방 다른 데서 데려올 수 있다. 자연스럽게 어쩔 수 없이 동일 노동에 대해 동일 가치만 지불할 수밖에 없다.

박스와 자재를 나르는 일에서 남들보다 특출나게 뛰어나기는 어렵다.

반면 메이저리그를 호령했던 박찬호를 떠올려 보자. 수많은 메이저리그 팬들과 구단 관계자, 스카우트들이 박찬호만큼 공을 잘 던지는 선수를 원한다. 그런데 박찬호는 단 한 명뿐이다. 어디서 데려올 수도 없고, 빵 굽듯이 찍어낼 수도 없다. 그런데 필요로 하는 사람은 이루 말할 수 없이 많다. 당연히 박찬호가 던지는 공 하나하나가 천문학적인 경제적 가치를 만들고 그것이 박찬호의 연봉이 된다.

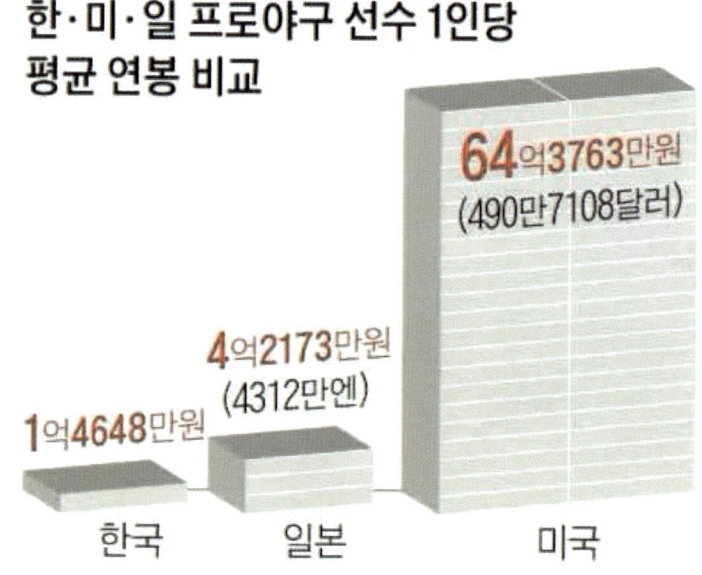

2023년 한·미·일 야구선수 연봉
(출처 : 조선일보, 2023.04.18.)

만약 박찬호에게 야구 능력이 없고, 우리 주변에 흔한

일반 사무직원이라고 생각해 보자. 박찬호는 그 회사에서 얼마만큼의 연봉을 받을 수 있을까? 박찬호가 엑셀 단축키나 함수를 얼마나 알고 있을지 생각해 보면 그 액수는 아마 이 책을 읽는 대부분의 독자보다 더 적을 것이다. 그리고 그것과 박찬호가 메이저리그에서 받는 연봉의 차이만큼의 금액이 바로 메이저리거 박찬호가 만들어내는 고유한 가치가 된다. 만약 박찬호가 일반 사무직원으로 일했을 때 받을 수 있는 연봉이 3,000만 원이라고 하고, 메이저리그에서 받았던 연봉이 200억이라고 한다면 메이저리거 박찬호가 가진 고유한 경제적 가치는 199억 7천만 원이 된다. 박찬호는 그 사람 자체로 비싼 것이 아니라, 그 사람이 가지고 있는 능력의 가치 때문에 비싼 것이다.

 메이저리그에서 한 선수를 종신계약 하지 않는 이유도 이 때문이다. 갑자기 선수가 부상을 당해서 불구가 되면 메이저리그 구단은 그 선수를 고용할 필요가 더 이상 없다. 그래서 운동선수는 모두 정규직이 아닌 계약직이다. 마찬가지로 사원부터 부장까지는 정년이 보장된 정규직원이지만, 상무부터는 마치 메이저리거처럼 임시직원이다. 우리는 이를 줄여서 임원이라고 부른다.

마치 메이저리거와 같은
임시직원을 줄여 임원이라고 부른다.

첫 번째 요소인 '필요한 사람들'과 두 번째 요소인 '제한된 수량'을 종합해서 처음에 얘기했던 크림소스 사례에 적용해 보자. 대부분의 사람들이 능숙하게 요리를 하지 못하기 때문에, 또는 할 수 있더라도 대부분 귀찮아하기 때문에 수많은 사람들이 마트에서 파는 크림소스를 필요로 한다. 마찬가지로 마트에서 크림소스를 판매하는 제조업자와 판매업자는 무수히 많다. 우리가 아는 유명 식품업체 이름을 당장 떠올려도 최소 네댓 개 이상 될 것이다. 더구나 우리는 해외와도 무역을 하는 개방된 나라이기 때문에 외국 식품업체가 만든 크림소스도 여러 선택지 중 하나이다.

그렇다면 크림소스의 가격은 어떤 수준에서 정해져야 할까? 만약 마트에서 파는 크림소스의 가격이 1~2만 원대라면 직접재료를 구입하고 야채를 손질하기 귀찮아하는 수많은 소비자들이 그 소스를 흔쾌히 구입할 것이다. 반면 10만 원대가 넘어가면 어떤가? 그 소스를 판매하는 제조업자를 탐욕스럽다고 비난하며 "에라, 내가 만들고 말지!"라는 생각으로 야채를 구입하고 손질해서 '크림소스 쉽게 만드는 레시피'라고 유튜브에 검색하는 노동과 수고를 기꺼이 감수할 것이다. 그렇다면 2천 원대면 어떤가? 그 크림소스를 직접 공장에서 만들고 판매해야 하는 제조업자와 판매업자는 자원봉사자가 아니기 때문에 "에라, 이 가격엔 안 팔아!"라고 하면서 크림소스 판매를 접게 될 것이다. 그래서 바로 우리가 보편적으로 생각하는 크림소스의 합리적인 가격은 1~2만 원대 안팎이 되는 것이다.

만약 내가 직접 크림소스를 만들었을 때 드는 비용이 6,000원이고 크림소스의 가격이 18,000원이라고 한다면

는 크림소스 생산업자가 만들어내는 고유한 경제적 가치는 12,000원이 된다. 이것이 대다수의 소비자가 크림소스를 직접 만드는 대신 마트에서 구매할 때 지불할 의사가 있는 정당한 수준의 추가 비용의 크기이다.

 이처럼 필요로 하는 사람이 적당히 많고 수량도 적당히 제한적이면 크림소스 수준의 가격이 되지만, 만약 필요로 하는 사람은 무수히 많은데 수량이 매우 제한적이면 그건 손흥민과 박찬호의 사례가 된다. 반대로 수량이 무수히 많아도 필요로 하는 사람이 없다면 그건 새우깡 모양 구별 능력자의 사례일 것이다.

가장 대표적인 불로소득이 토지로부터 나오는 지대이다.

 가만, 그리고 보니 '제한된 수량'이라고 했을 때 가장 먼저 떠오르는 것이 있다. 바로 토지는 어느 누구도 늘리거나 줄일 수 없다. 바다를 메꾸어 육지가 되어도 물 밑에 있던 땅이 물 위로 드러난 것뿐이고 없던 토지가 생긴 것은 아니다. 토지의 가격을 어려운 말로 바꾸면 '지대'이기 때문에, 크림소스의 가격과 손흥민과 박찬호의 몸값을 우리는 **경제적 지대(Economic Rent)**라고 부른다. 결국 본질은 동일한 것이다.

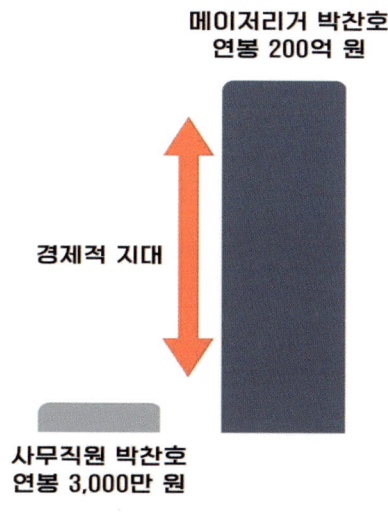

이 경우 박찬호의 경제적 지대는
199억 7천만 원이 된다.

땅값이 비싼 이유가 바로 제한된 수량 때문인 것처럼, 손흥민의 몸값이 비싼 이유도 바로 이 '지대' 때문이다. 다만 모든 토지가 똑같이 비싸지는 않다. 필요로 하는 사람이 많고 그 필요에 비해 상대적인 수량이 제한되어야 한다. 그렇기에 특정 지역의 토지는 월급을 몇십 년

동안 모아도 살 수 없을 만큼 비싸지만, 특정 지역의 토지는 생각보다 저렴한 가격에 구입할 수 있다.

손흥민의 수량은 1명에 불과하지만, 손흥민을 필요로 하는 사람들은 전 세계 거의 대부분의 축구 팬일 것이므로 그 수는 몇천만 명 이상일 것이다. 앞서 설명했던 첫 번째 요소인 '필요한 사람들'과 두 번째 요소인 '제한된 수량'을 완벽에 가까운 수준으로 충족한다. 그래서 손흥민의 몸값은 천문학적인 금액이 되는 것이다.

INSIGHT 02

시험에 청춘을 바치는
젊은 고시생들

평범한 직장인이
부업으로 돈 벌기가 힘든 이유

이제 서울 한복판 어딘가의 마치 섬과 같은 동네로 건너가 보자. 신림동과 노량진의 수많은 청춘들은 그들의 젊음을 바쳐 수험생활에 몰두한다. 그들이 합격에 이토록 목말라하는 이유는 뭘까?

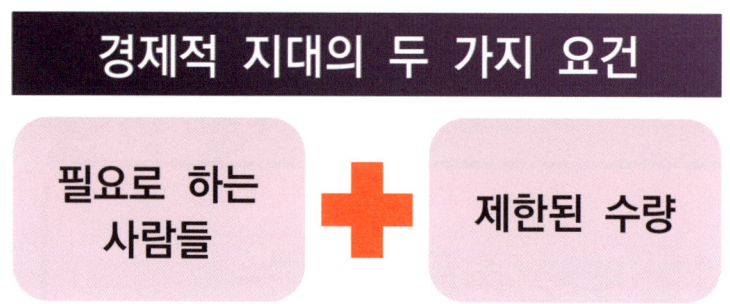

앞서 경제적 지대의 두 가지 요건으로 '필요로 하는 사람들'과 '제한된 수량'을 얘기하면서, 필연적으로 동일노동 동일임금이 이루어질 수밖에 없는 영역으로 벽돌을 나르는 일과 건물 바닥을 쓸고 닦는 일을 예시로 든 바 있다. 이 일들은 높은 강도의 고된 노동을 반복적으로 해야 하는데도 그 일을 할 수 있는 사람이 무척이나 많기 때문에 일정 수준 이상의 급여를 받기가 힘든 반면, 병원에서 진료를 보는 의사나 법정에서 피해자의 억울함을 대변해 주는 변호사는 그 일을 할 수 있는 사람이 한정되어 있기 때문에 똑같은 시간을 일해도 몇 배, 몇 십 배에 달하는 급여를 받는다. 중요한 것은 바로 **진입장벽**

(Entry Barrier)이다.

직업에는 귀천이 없다. 그런데 왜 받는 돈은 다를까?

아무나 할 수 있는 일은 그만큼 경쟁이 치열하고 다른 경쟁자에 비해 내가 월등하게 더 잘하기가 훨씬 힘들다. 그렇기에 보상도 많이 받기가 어렵다. 반면 아무나 할 수 없는 일은 그 자체만으로 경쟁자의 수가 제한되고 경쟁의 강도도 낮기 때문에 일정 수준 이상의 보상이 보장되어 있다. 병원에서 진료를 보기 위해서는 반드시 의사 면허가 있어야 하고, 법정에서 피해자를 대변하기 위해서는 반드시 변호사 자격증이 있어야 한다. 그리고 그 면허증이나 자격증을 취득하기 위해서는 남들보다 훨씬 특별하고 남다른 학업적 성취를 이루어야만 한다. 바로 이것이 '진입장벽'의 본질이다.

'진입장벽'은 '지대'를 만들어 내는 원천이 되고, 벽돌을 나르는 사람과 의사, 변호사의 급여 차이가 바로 '경제적 지대'인 것이다. 신림동과 노량진의 고시생들은 스스로 이러한 '진입장벽'을 만들어 내고 '경제적 지대'를 갖기 위해 시험 합격을 목표로 젊음과 청춘을 바치는 것을 몸소 감내하는 것이다.

 정의로운 자유란 무엇일까? 갓 서울로 상경한 어느 대학생은 미래의 지대를 빨리 만드는 것이 현재의 내 윤택한 생활보다 더 중요하다. 그렇기에 월세 10만 원을 줄여서 더 좁고 열악한 방에서 사는 것을 마다하지 않는다. 그 10만 원으로 강의를 듣고 책을 사서 시험에 합격해 지대를 빠르게 만들어 내는 것이 미래에 몇 배 나은 생활을 만들어 줄 것임을 알기 때문이다. 그렇기에 집 앞의 국밥집을 지나쳐 길 건너편 편의점에서 컵라면을 집어 들고, 여행과 취미생활을 하는 대신 밀린 강의를 듣고 책 한 페이지를 더 넘긴다. 미래의 지대를 위해 현재의 열악한 생활을 자처할 수 있는 자유 또한 누구에게나 보장되어야 마땅하다. 인간답고 윤택한 삶을 공평하게 보장한다는 이유로 그에게 그러한 자유를 박탈하여 강제로 월세 10만 원을 더 내서 더 좋은 집에 살게 한다면 어떤 측면에서는 정의롭지 못한 결과를 낳을지도 모른다.

**월세 보조와 고시 합격,
어느 것이 가난한 청년에게 더 정의로운 기회인가?**

　경제적 지대와 진입장벽의 논리는 고시생이 아닌 직장인들에게도 똑같이 적용된다. 많은 직장인들이 경제적 자유를 누리는 것을 목표로 월급 외 부수입을 만들기 위해 수많은 플랫폼을 이용하고, 다양한 부업을 시도하곤 한다. 그리고 다행스럽게도 요즘엔 그런 직장인들의 수요를 충족시켜줄 만한 다양한 부업 플랫폼이 존재한다. SNS, 블로그, 유튜브, 온라인 멘토링, 디지털 페지 줍기, 스마트스토어 등 아마 부업과 부수입을 원하는 많은 직장인들이 한 번쯤 시도해 보았을 플랫폼들일 것이다.

　그러나 아마 이러한 시도를 해 본 많은 직장인들이 동일하게 겪었을 경험은 이런 수많은 플랫폼들이 예상과는 달리 많은 노력을 들여도 생각보다 돈이 되지 않는다는 허탈감일 것이다. 이 또한 문제의 본질은 진입장벽이다. 누구나 할 수 있는 일은 그 열려있는 기회만큼 수많은 경쟁자가 존재하기 때문에 돈 벌기가 힘들다. 반면 직장을 다니며 병행하기 어려울 만큼 엄두가 안나는 고난도의 부업이라면 그건 돈이 된다. 두 마리 토끼는 다 잡을 수 없고 포기한 만큼 얻어가는 것이 인생의 본질이며 자본주의의 원리이다.

블로그와 영상편집, 어느 것이 더 쉬운가?
그렇다면 어느 것이 더 돈이 되겠는가?

예컨대 영업직 종사자가 영상편집 기술이나 디자인 툴을 공부해서 관련 자격증을 취득한다거나, 마케팅 종사자가 코딩과 데이터사이언스를 공부해서 관련 자격증을 취득한다거나, 서비스직 종사자가 직장생활과 수험생활을 병행하며 회계사나 노무사 자격증을 취득한다면 그건 앞선 플랫폼들을 이용하는 것에 비해 훨씬 돈 벌 기회가 많고 실제로 더 큰 부수입을 올릴 수 있다. 내가 엄두가 안 나는 일은 다른 사람에게도 마찬가지이고, 내가 쉽게 잘할 수 있을 것 같은 일 또한 다른 사람에게도 마찬가지이기 때문이다. 심지어 변호사가 되더라도 개발을 할 줄 아는 변호사가 그냥 변호사보다 고객 유치와 시장 개척에 훨씬 유리할 것은 자명하다. 그것이 진입장벽의 본질이기에, 경제적 자유를 누리고 싶다면 우리는 끊임없이 자신의 '경제적 지대'를 스스로 만들어 가야만 한다.

한편 반대로 이미 일정한 경제적 지대를 확보한 사람들은, 다시 말하면 어려운 시험에 합격해서 특별한 면허나 자격을 갖게 된 사람들은 마치 땅을 가진 지주처럼 내가 얻은 땅을 새로운 경쟁자에게 빼앗기지 않기 위해, 즉 내 경제적 지대를 지켜 내거나 또는 더 크게 키우기 위해 진입장벽을 더 높이려 한다. 그리고 이처럼 이미 확보한 경제적 지대를 우리는 '먼저 얻은 권리'라는 의미에서 **기득권(Vested Rights)**이라고 부른다.

지대가 없는 사람들의 입장에서는 야속하겠지만, 자리가 사람을 만든다는 유명한 말처럼 수많은 사람들이 지대를 얻게 된 순간, 그 기득권을 지키기 위해 초심을 잃어버린다. 안타깝지만 그것이 치열한 적자생존의 현실이다. 만약 내가 아는 누군가가 기득권을 가지게 되었음에도 뜨거운 초심을 잃지 않고 계속 베풀고 나누며 살고 있다고 생각하는가? 그렇다면 그는 위인이 될 것임에 틀림없다.

**진입장벽 너머엔
기득권과 그것을 지키려는 자들이 있다.**

다시 진입장벽 얘기로 돌아가서, 경제적 지대를 갖춘 집단들은 본인들의 기득권을 지키기 위해 계속 장벽을 높인다고 설명하였다. 이를 실현하는 가장 좋은 방법은 면허나 자격을 가질 수 있는 합격자 수를 일정 수 이하로 유지하거나 혹은 줄이는 것이다. 내가 이룩한 기득권에 가장 위협이 되는 변화는 그 수가 늘어나서 경쟁자가 많아지게 되는 것이기 때문이다. 그래서 늘 소위 '사짜' 직업으로 불리는 전문직의 정원 확대는 사회적으로 뜨거운 논란거리가 되곤 한다.

INSIGHT 03

수많은 초보 유튜버들이
실패하는 이유

명예와 부를
동시에 이루기가 어려운 이유

집 근처 먹자골목의 신장개업한 어느 제육덮밥 전문 식당을 떠올려 보자. 이 제육덮밥집의 사장은 해외 명문대학의 학위를 받고 유명 호텔 레스토랑의 화려한 경력을 갖춘 정통 요리사이다. 그래서 여느 평범한 제육덮밥집과는 달리 특별한 고급 돼지고기를 사용하며, 야채 또한 가장 비싸고 신선한 고급 재료를 사용한다.

제육덮밥은 대한민국 남자들의
대표적인 소울푸드이다.

그렇기에 이 자부심 넘치는 제육덮밥집의 사장은 다른 평범한 제육덮밥집의 제육덮밥보다 약간은 더 비싼 가격과 대우를 받기를 원한다. 그래서 주변의 다른 식당보다 이 집의 제육덮밥은 500원 더 비싸고, 누구에게나 납득이 갈 만큼 화려한 경력과 이력을 가게 전면에 크고 화려하게 붙여 놓았다. 그리고 제육덮밥을 먹고 싶어서 이 먹자골목을 찾는 대부분의 사람들도 이 집의 사장이 이렇게 특별한 대우를 받고 싶어 하는 마음을 공감하고 이해하기에 충분하다.

 하지만 안타깝게도 내 지갑에서 내 돈을 쓰는 소비의 문제는 단순한 공감과 이해의 영역과는 별개의 문제이다. 제육 덮밥을 좋아하고 또 먹고 싶어 하는 먹자골목의 방문객은 사장의 마음을 백번 이해하고 공감하기는 하지만 그래도 제육덮밥은 그냥 냉동 돼지고기에 평범한 야채로 만든 제육덮밥이면 그만이라고 생각한다. 그렇기에 이 사장의 화려한 경력에 감탄하면서도 발길은 500원 더 저렴한 옆집을 찾는다. 여느 식당처럼 평범한 옆의 제육 덮밥집은 나날이 고객들로 북적거리지만, 이 특별하고 자부심 넘치는 뛰어난 셰프의 제육 덮밥집은 파리만 날린다. 여기서 사장이 해야 할 선택은 무엇일까?

 여기서 수많은 초보 사장님들이 쉽게 하는 실수 중에 하나가 소비자를 이해하기보다 설득하려 한다는 점이다. 만약 현명한 사장이라면 마음은 쓰리지만 내 특별한 자부심과 고객들의 선택은 무관하다는 현실을 받아들이고 수긍하면서 재료의 질을 낮추고 가격도 주변과 비슷하게 내리는 타협의 과정을 선택할 것이다. 하지만 어리석은 사장이라면 무지하고 평범한 대중들이 자신의 자부심과 특별함을 이해하지 못한다고 생각하면서 억울해하고 속상해할 것이다. 그래서 본인이 만든 요리의 진정한 가치를 알아보고 정말 맛있고 훌륭한 제육덮밥을 맛봐야만 한다고 소비자들을 설득하는 데 더 많은 에너지와 노력을 투자할 것이다.

**당신이 복어 손질 장인이라면
대학가에 복요리집과 떡볶이집 중 어떤 식당을 열겠는가?**

그러나 안타깝게도 많은 경우에 소비는 설득의 영역이 아니다. 모든 사람들이 지갑을 열지 않아도 많은 응원과 격려는 할 수 있지만, 내 지갑에서 돈을 쓰는 소비라는 선택에 대해서는 수많은 사람들은 철저히 내 이득에 맞춰서 움직이게 된다. 그리고 이것이 자본주의의 본질이다. 소비자들은 판매자가 무엇을 잘하고 무엇을 팔고 싶은지 궁금해하지 않는다. 오로지 내가 사고 싶고 내가 갖고 싶은 것들에만 돈을 쓴다. 이를 받아들이고 타협해야만 장사를 하고 돈을 벌 수 있다. 만일 내가 복어 손질에 탁월한 장인이라도, 대학가 앞에서는 복요리집이 아닌 떡볶이집을 열어야 하는 것이다.

 사실 유튜브도 마찬가지이다. 실패의 길을 걷는 많은 유튜버들이 '내가 잘할 수 있는', 혹은 내가 '하고 싶은' 컨텐츠를 구성한다. 하지만 안타깝게도 많은 평범한 직장인들의 경우 잘할 수 있는 컨텐츠나 하고 싶은 컨텐츠는 대개 비슷하기에, 이미 그 컨텐츠에서는 나보다 탄탄한 컨텐츠로 시장을 선점하고 있는 유튜버들이 너무나 많다. 그리고 대다수의 유튜브 시청자들 또한 대다수 초보 유튜버들의 바람과 달리 '내가 궁금한', 또는 '내가 보고 싶은' 컨텐츠를 보고 싶어 한다.

**여행 유튜브와 투자 유튜브 중
어떤 채널을 더 잘 만들 수 있겠는가? 어떤 채널이 더 보고
싶은가? 어떤 채널이 경쟁자가 더 많겠는가?**

따라서 성공한 유튜버가 되려면 내가 잘하거나 내가 하고 싶은 컨텐츠가 아닌 대다수의 시청자들이 궁금해 하거나 듣고 싶은 컨텐츠 중에 경쟁자가 거의 없는 컨텐츠를 선점해야 한다. 이 얘기를 듣고 막상 떠올려보니 그런 컨텐츠가 별로 없다는 생각이 드는가? 그것이 바로 유튜브로 성공하기가 어려운 이유이다.

다시 제육덮밥 사장님 이야기로 돌아오자. 타협보다 설득을 하려고 하는 제육덮밥집 사장님처럼, 안타깝게도 뛰어난 전문성과 장인 정신을 갖춘 예술가들이 대개 돈을 잘 벌지 못한다. 나의 고고한 자부심과 장인정신을 희생하고 소비자들의 눈높이와 필요에 맞추어 품질과 전문성을 타협해야만 많은 돈을 벌 수 있다. 하지만 완벽한 경력과 뛰어난 전문성을 갖춘 사람일수록 이러한 타협의 과정은 몹시 고통스럽다. 타협을 거치는 순간 내 삶과 성취가 부정당하는 느낌이 들고, 돈에 눈이 멀어 초심을 잃고 변절했다는 주변의 손가락질과 비난도 감수해야만 하기 때문이다. 그리고 많은 경우에 이렇게 뛰어난 예술가들은 자본주의와의 타협보다는 순수했던 초심을 지키는 것을 택하곤 한다.

그렇기에 현실에서 명예와 부라는 두 마리 토끼를 모두 잡는 것은 무척이나 어렵다. 혁신적이고 실험적인 음악으로 많은 사랑을 받던 어느 젊고 치기 어린 밴드가 시간이 지나면 많은 경우에 변절자라는 비판을 받게 되고, 뛰어난 작품성과 문학성으로 많은 매니아 팬들의 사랑을 받던 어느 유망한 작가가 시간이 지나면 초심을 잃고 대중과 영합하기 시작했다는 비판을 받게 되는 이유는 어쩌면 그들의 잘못과 욕심 때문이 아니라 드러나지 않을 뿐 자본주의 사회에서 모두가 필연적으로 겪게 되는 자연스러운 과정일지 모른다. 그래서 우리는 스스로에게는 좀 더 엄격해지고 타인에게는 좀 더 관대해질 필요가 있다.

명예와 부를 동시에 이룰 수 있을까?

물론 우리가 뉴스에서 볼 수 있는 몇몇 대기업들은 소비자와 타협하지 않고 교묘하게 서비스를 소비자에게 불리하게 개편하거나 개악된 서비스 내용을 마치 소비자를 위한 방향으로 개선했다고 홍보를 해도 장사하기에 아무

무리가 없는 기업들도 있다. 이는 아마 이 회사를 대체할 만한 다른 회사가 존재하지 않는 독보적인 지위에 있는 기업이기 때문일 것이다.

그리고 경제학에서는 이처럼 소비자를 신경 쓰지 않아도 되는 독보적 지위에서 가격을 마음대로 조절할 수 있는 영향력을 가진 기업을 **독점 기업(Monopoly)**이라고 부른다. 이 기업들의 선택은 많은 경우에 소비자들의 불만을 증가시키고 서비스의 질을 저하하기 때문에, 국가가 정책적으로 개입하곤 한다. 이를 우리는 '독점에 대한 규제'라고 부른다. 때문에 규제가 항상 나쁜 것만은 아니다. 세상의 모든 것엔 장점과 단점이 공존한다.

INSIGHT 04

장례식장의 경제학

훈련소 앞 식당에
맛집이 없는 이유

경제학의 논리는 때로는 인간의 감정과 상황을 반영하기도 한다. 어릴 때부터 자주 갔던 동네 단골 식당의 주인 이모와의 깊은 감정적 교류와 연대는 식당에 대한 긍정적인 기억과 평가를 만드는 데 큰 영향을 미친다. 동네의 오래된 치과는 치아 치료를 받아야 할 때 가장 안심하고 방문할 수 있는 편안한 장소이다. 처음 방문했을 때 나쁜 기억이 남아있는 미용실은 결코 다시 가는 일이 없게 되기도 한다.

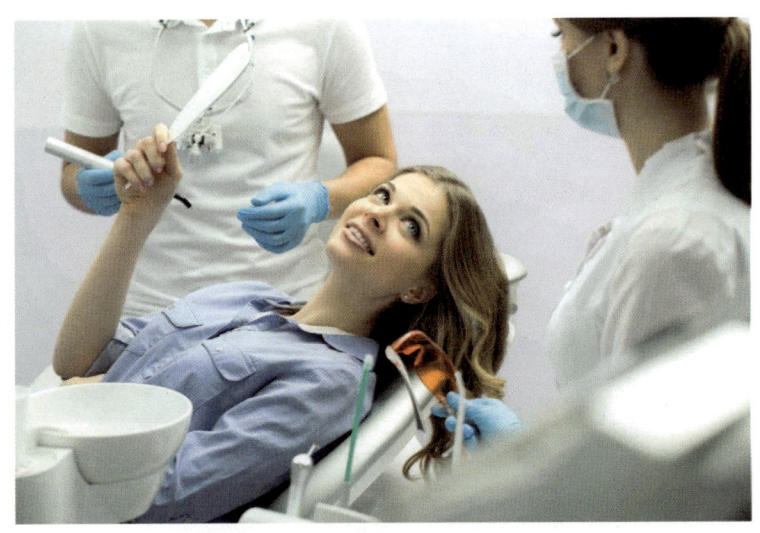

누구나 한 번쯤 치과 진료를 앞두고
걱정해 본 경험이 있을 것이다.

그리고 가게를 운영하는 사장님의 입장에서는 고객의 재방문율을 높이는 것이 매우 중요한 과제이다. 그래서 신장개업한 카페에서는 재방문을 유도하고자 쿠폰을 지급하기도 하고, 기간권이나 정기권을 구매하면 할인 혜택을 제공하기도 한다. 새로 오픈한 헬스장이나 필라테스 센터에서 친구 초대 이벤트를 하거나 장기 회원권 결제를 유도하는 것도 마찬가지이다. 재방문은 꼭 본인이 아니어도 된다. 좋은 기억이 남아있는 가게는 자연스럽게 가까운 사람에게 추천해 주게 되고 입소문을 타고 친구나 가족들까지 방문하게 되기 마련이다.

소중한 사람을 떠나보낸 적이 있는가?

반면 내 의지로 재방문 여부가 결코 결정될 수 없고 친구나 가족들에게 재방문을 추천하거나 방문하지 말 것을 권유할 수도 없는 유일한 장소가 있다. 바로 장례식장이다. 장례식장은 나에게 매우 소중한 사람을 떠나보내는 특별한 의미를 지니는 장소이다. 그렇기에 조문객을 맞이하는 단계부터 수의를 입히며 염을 하고 화장을 하는 단계까지, 장례식장에서의 모든 시간이 고인과 함께 보내는 마지막 시간이기 때문에 무엇이든지 최고의 예우를 해주고 싶은 것이 누구나 갖는 당연한 마음일 것이다.

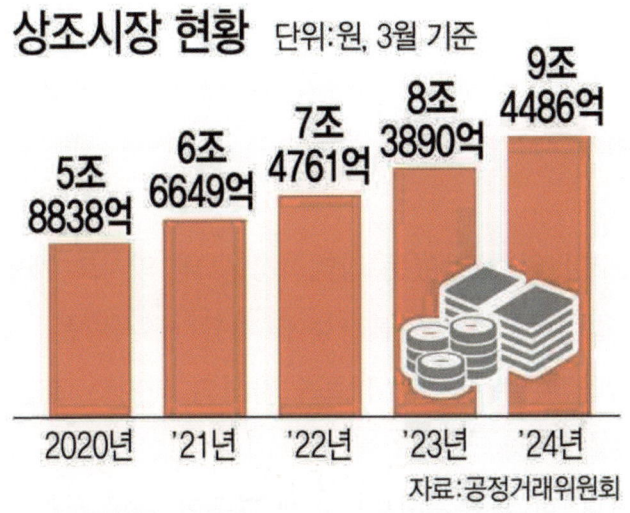

국내 상조시장은 꾸준히 성장 중이다.
(출처: 이데일리, 2024.10.28.)

그런데 아이러니하게도 장례식장은 그 병원을 운영하는 기업에게는 장례라는 서비스를 판매하면서 수익을 올려야 하는 장소이다. 그래서 앞서 얘기했던 모든 장례 절차 하나하나마다 여러 단계의 옵션을 제공하며 높은 수준의 옵션일수록 더 비싼 가격을 제시한다. 고인을 최고의 예우와 함께 배웅하고 싶은 사람의 마음속 깊은 슬픔을 역설적으로 이용하는 것이다. 많은 경우에 고인을 떠나보내는 유족들은 선뜻 몇 십만 원 이상의 웃돈을 얹어주면서까지 매 단계마다 최선의 옵션들을 선택하게 된다. 하지만 장례식장의 직원들에게 어떤 불만이나 싫은 소리를 꺼내기는 무척이나 어렵다. 생전에 너무나 소중한 사람을 보내주는 막중한 임무를 대신 수행해 주는 사람이기 때문이다.

 더구나 앞서 말했듯 장례식장은 내 의지로 재방문 여부를 결정하는 것도 불가능에 가깝다. 사람은 그 누구도 세상을 떠날 시기와 장소를 자신의 의지로 결정할 수 없기 때문이다. 그렇기에 가족이나 지인들에게 추천을 해주거나 비추천을 해줌으로써 그들의 재방문에 영향을 미치는 것도 현실적으로 거의 불가능하다. 장례식장을 운영하는 병원은 이러한 사실을 누구보다 잘 알고 있기 때문에, 유족의 감정을 최대한 이용하여 옵션의 폭을 늘려 비싼 가격을 지불하게 만드는데 큰 망설임이 없는 것이다. 이것이 바로 장례식장의 경제학이다.

혹시 만약 이 설명을 듣고 나서 장례식장을 한 곳 차려서 운영하면 큰 돈을 벌 수 있겠다 싶은 생각이 드는 독자가 있다면 그 꿈은 안타깝지만 접는 편이 더 낫다. 장례식장은 흔히 지역 주민들의 결사반대를 유발하는 기피시설 중 하나일 뿐만 아니라 그 설치 요건도 매우 까다로워서 영업 허가 자체를 받기가 엄청나게 어렵기 때문이다. 잘 생각해보라. 장례식장은 대개 큰 규모의 종합병원에 부속되어 있거나, 그렇지 않은 경우 대개 사람들의 눈에 잘 띄지 않는 외진 곳에 위치해 있는 경우가 대부분이다. 입지가 그렇게 결정된 것에는 다 이유가 있는 법이다.

다시 경제학 얘기로 돌아오자. 이러한 장례식장의 경제원리와 마찬가지로, 내 가게에 방문한 손님들이 다시 방문할 일이 거의 없다는 것을 스스로 잘 아는 훈련소 앞 식당의 사장님들이 맛과 서비스의 개선에 큰 노력을 들이지 않는 것도 같은 이유이다. 더구나 그 식당을 일단 방문한 고객은 식당이 맘에 들지 않아도 훈련소 입소를 앞두고 있기 때문에 울며 겨자 먹기로 그 식당을 이용할 수밖에 없는 경우가 대부분이다. 다만 훈련소 앞 식당은 내가 아닌 내 가족이나 친구에게 나쁜 후기를 전달하여 방문하지 않게끔 하는 것이 가능하다는 점이 그나마 장례식장과의 차이점이긴 하지만, 훈련소 앞에서 식당을 고를 여유가 있는 사람이 얼마나 될까.

INSIGHT 05

서울대 진학률이
높은 학교의 비밀

하지 말라는 투자만 골라서 해야
큰 돈을 버는 이유

투자를 할 때 흔히 하는 착각이 투자는 확률이라고 생각하는 것이다. 확률이란, 어떤 행위나 현상의 결과가 내가 전혀 통제할 수 없는 영역에 의해 결정될 때 원하는 결과가 나올 가능성이다. 예컨대 주사위 던지기나 다트 던지기, 룰렛 돌리기는 확률의 영역이고, 이를 활용하여 돈을 걸어서 돈을 벌고자 하는 행위를 우리는 도박이라고 부른다. 반면 결과를 나의 노력이나 힘으로 바꿀 수 있을 땐 그것은 더 이상 확률이 아니기에, 이를 활용하여 돈을 걸어서 돈을 벌고자 한다면 이는 도박이 아닌 투자가 된다.

룰렛, 다트 던지기, 주사위 던지기는
대표적인 확률 게임이다.

예컨대, 어떤 지역이나 어떤 학교에서 서울대를 가는

학생들의 비율은 확률인가? 만약 서울대를 가는 것이 확률의 영역이라면, 가령 단 1%의 학생들만 서울대에 갈 수 있다고 할 때 전국의 아무 지역의 아무 학교에서 100명의 학생을 무작위로 뽑는 경우 규칙적으로 그 중 한 명씩만 서울대에 들어가야 할 것이다.

하지만 현실은 그렇지 않다. 실제 서울대에 입학하는 학생의 비율은 특정 지역, 특정 학교에 쏠려 있는 경우가 많다. 그 이유는 무엇일까? 그 지역과 그 학교가 지독하게 운이 좋아서가 결코 아니다. 서울대를 갈 수 있는 방법은 많은 선례들을 통해 익히 잘 알려져 있고, 이를 결정하는 많은 요인들을 학생 자신의 노력과 힘으로 바꿀 수 있다. 즉 서울대 진학률은 확률이 아니므로, 서울대 진학을 위해 노력하고 애쓰는 행위는 도박이 아닌 미래에 대한 투자라고 볼 수 있다. 따라서 높은 서울대 진학률을 보이는 곳이 있다면 이는 그 지역과 그 학교에서는 이전의 선례들을 교훈 삼아 선생님과 후배들이 서울대 진학법을 잘 학습하고 체화한 결과물인 것이다. 그래서 선례가 중요하다. 바람직한 선례는 가장 좋은 교과서이다.

이는 투자나 비즈니스의 영역에서도 마찬가지이다. 성공률이 낮다고 해서 도박이 아니고, 성공률이 높다고 해서 투자인 것이 결코 아니다. 동전 던지기는 성공률이 무려 50%나 되지만 투자가 아닌 도박이다. 성공률이 낮다고 알려진 투자종목도 투자답게 하면 도박이 아닌 투자가 되지만, 성공률이 높다고 알려진 투자종목도 도박처럼 하면 그것은 투자가 아닌 도박이다.

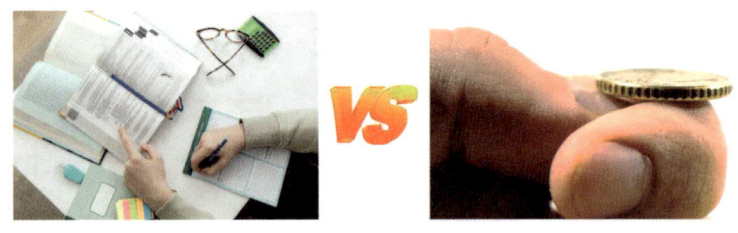

1%의 대학 입시와 50%의 동전 던지기,
어느 쪽이 투자이고 어느 쪽이 도박인가?

예컨대 어떤 투자종목에서는 100명 중 단 1명만이 크게 돈을 벌고, 나머지 99명은 큰 손실을 입는다고 하자. 투자를 확률이라고 믿는 사람은, "에이 그거 실패할 확률이 99%네. 안 봐도 뻔해."라고 하면서 많은 사람들이 선택하는 보편적인 투자종목을 선택한다. 반면 어떤 사람은 "그래? 그 1%는 어떻게 성공했는데?"라면서 성공한 사람들의 이유와 방법을 알고 싶어한다. 앞의 사람은 아마 보편적인 투자를 하더라도 대개 성공하긴 힘들 것이다. 왜냐하면 그는 도박을 싫어하지만, 투자를 도박처럼 하는 사람이기 때문이다. 반면 뒤의 사람은 아무리 어려운 투자도 투자답게 하는 방법을 아는 사람이기 때문에 큰 돈을 벌게 될지도 모른다.

전임자가 만들어 놓은 업무 자료는
신입사원에게 가장 좋은 선례가 된다.

 우리는 많은 경우에 선례로부터 노하우를 배우고 교훈을 얻는다. 선례가 존재하지 않는 경우가 정말 어려운 것이다. 선례가 있다면 훨씬 쉽다. 그 사람의 이야기를 직·간접적으로 듣고 배워서 그대로 하면 된다. 비단 투자의 영역만이 아니라, 모든 성취나 도전에 공통된 이야기이다. 선례가 없는 경우, 많은 사람들은 그러한 도전이나 성취를 불가능하다고 이야기한다. 하지만 불가능은 최초를 만들고, 최초는 누군가의 선례가 된다. 그리고 그렇게 불가능에 맞서 최초가 되고 선례를 만들어 낸 사람들을 우리는 선구자라고 부른다.

다시 투자 이야기로 돌아와서, 그렇게 1%의 성공 사례를 궁금해했던 투자자는 1%의 선례를 열심히 학습하여 성공의 이유를 파악해 내고, 99%는 왜 실패하였는지 실패 사례를 통해 실패의 이유를 파악해 내서 선례를 따라 스스로 성공패턴을 만들어 낸다. 그리고 이렇게 혼자 힘으로 만들어 낸 성공패턴에 익숙해지면, 이는 또 다른 성공을 만드는 탄탄한 밑거름이 된다. 수많은 자기계발서에서 얘기하는 '성공패턴'이라는 것이 바로 이와 일맥상통하는 것이다.

다시 말해 100명의 퇴직자들이 퇴직금으로 식당을 오픈하더라도, 이렇게 선례를 꼼꼼히 학습한 단 1명만이 성공할 수 있다. 성공의 이유는 사업을 데이터와 사례에 기반해 철저히 계산기를 두드려 했기 때문이다. 반면 실패하는 99%의 사람들은 사업을 데이터가 아닌 경험과 감에 의존해 도박처럼, 또는 사업가의 포지션이 아닌 익숙한 직장인의 포지션에서 하기 때문에 망한다. 그리고는 성공한 1%의 사례를 보며 여느 때처럼 이야기할 것이다. "저 친구는 운이 지독히도 좋네."

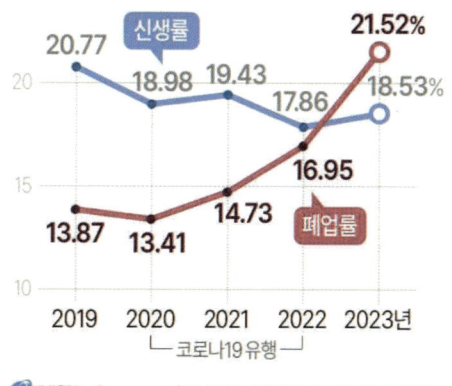

외식업체 폐업률이 계속 높아지고 있다.
(출처: 연합뉴스, 2024.04.28.)

따라서 투자를 잘 하려면 무작정 남들이 하는 보편적인 투자종목을 따라 하는 것이 아니라 데이터와 통계, 선례에 기반하여 철저히 공부하고 학습한 뒤 투자를 해야 한다. 사실 투자로 부자가 될 수 있을 만큼의 큰 수익률은 보편적인 투자 종목보다 오히려 남들이 하지 말라고 하는 투자종목에서 더 많이 나타난다. 즉 투자로 큰 돈을 벌고 싶다면 남들이 하지 말라는 투자만 골라서 해야 하고 그것을 성공시켜야 가능하다. 그래서 투자로 돈 벌기가 어려운 것이다.

즉 1% 성공 사례의 이유는 결코 운이 좋아서가 아니다. 그런데 놀랍게도 1%의 성공한 사람들이 선의로 99%에게 성공 비법을 알려주려 하면, 그들은 자존심을 이유로 또는 내 익숙하고 편한 일상을 바꾸려고 한다는 이유로, 함부로 나를 가르치려 하는 그들을 시기하며 쫓아내곤 한다.

이것이 바로 백종원과 TV 속 상인들의 모습이다. 하지만 더욱 놀라운 것은, TV 속 상인들을 보며 어리석다고 손가락질하는 평범한 우리들도 TV를 끄고 난 뒤 어려운 투자에 성공한 직장 동료나 생소한 사업을 성공시킨 동창의 소식을 들으면 상인들을 욕하던 방금 전의 내 모습은 금세 잊어버린 채 "저 친구는 지독히도 운이 좋고 인생이 너무 술술 잘 풀린다"며 상인들과 똑같이 시기와 질투에 찬 이야기를 하곤 한다. 그리고 이는 결국 유유상종이라는 유명한 말처럼 투자자는 투자자끼리 뭉치고 도박사는 도박사끼리 뭉치게 되는 결과를 낳는다. 사실 내가 변화하는 것을 두려워하면서 내 상황이 변화하기를 바라는 것만큼 어리석은 것도 없다. 그래서 성찰이 중요하고 또 어려운 것이다. 그렇다면 이 기회에 한번 스스로 성찰해 보자. 당신은 도박 같은 투자를 투자답게 하고 있는가, 아니면 투자의 탈을 쓴 도박을 하고 있는가?

INSIGHT 06

취업 면접이
점점 어려워지는 이유

홈쇼핑과 공인중개사의 공통점

옛말에 '지피지기(知彼知己)면 백전백승(百戰百勝)'이라는 말이 있다. 적을 알고 나를 알면 백 번 싸워도 모두 이긴다는 중국의 고사성어이다. 즉, 정보가 중요하다. 나는 나에 대해서는 모든 정보를 알고 있지만, 다른 사람들에 대해서는 알지 못하는 것이 더 많다. 그래서 우리는 좋아하는 이성의 마음을 알아채기 위해 수많은 시도와 노력을 하고, 근사한 선물을 해주기 위해서 친구의 관심사를 알아내기 위한 질문들을 하곤 한다.

우리는 수많은 선택지들 앞에서
고민을 하는 데 수많은 시간을 보낸다.

이처럼 일상 곳곳에서는 여러 사람들이 내가 모르는 정보를 얻기 위해 수많은 에너지와 노력을 기꺼이 들인다. 우리는 배달앱에서 배달 주문을 할 때도 어느 중국집이 더 배달이 빠르고 어느 떡볶이가 더 쫄깃한지 궁금해하고, 피트니스 센터를 결제할 때에도 어느 트레이너가 더 전문적이고 어느 필라테스 강사가 더 친절한지 알아내기 위해 수많은 시간을 쓴다. 아르바이트를 구할 때에도 사장님은 친절한지, 가게에 손님은 많은지, 급여는 많이 주는지 정보를 알아내는 데 많은 공을 들이고, 여러 구인·구직 플랫폼들은 이러한 시간과 노력을 줄여주는 대가로 돈을 번다.

 이제 감정이입의 대상을 잠시 바꿔보자. 정보에 목말라 하는 건 사실 상대방도 마찬가지이다. 학위를 따고 전문적인 자격증을 취득한 트레이너는 나보다 더 전문성이 떨어지는 것 같은 건너편 헬스클럽이 도대체 어떻게 저렇게 많은 고객을 끌어오는지 궁금해하고, 그 트레이너보다 내가 훨씬 좋은 트레이너라는 것을 알리고 싶어 한다. 20년 경력의 호텔 레스토랑 출신 중국집 주방장은 자신의 경력과 뛰어난 실력을 알리고 싶어 하며, 사실 내가 좋아하는 이성도 알고 보니 나에게 호감이 있었다면 어떻게든 그 마음을 표현하기 위해 고민할 것이다.

 이처럼 수많은 사람들이 정보를 궁금해하기 때문에, 내

가 알고 있지만 상대가 모르는 정보를 상대가 무척이나 알고 싶어할 때 그 정보는 굉장한 가치가 있다. 그리고 이처럼 한 쪽에만 치우치게 존재하는 정보의 특성을 **정보의 비대칭(Asymmetric Information)**이라고 부른다. 그리고 이러한 정보의 비대칭은, 정보가 부족한 쪽에서 특별한 노력이나 비용을 지불하고 정보를 얻게끔 만드는 정보의 거래를 가능하게 만든다.

 예컨대, 취업을 하고자 하는 모든 구직자들은 자신의 스펙, 능력, 역량, 자격 중 최대한 좋은 것만 더 좋은 방향으로 드러내고 싶어 하며, 자신이 가진 단점과 약점들은 숨기고 싶어 한다. 반면 신입사원을 뽑고자 하는 회사 입장에서는 구직자들이 뽐내는 장점과 능력들이 과연 진실인지, 그들이 숨기고자 하는 단점과 약점은 무엇인지 속속들이 알고 싶어한다.

 그래서 마치 썸남·썸녀들의 밀당처럼, 정보를 숨기려는 구직자들과 정보를 알아내려는 기업들도 고도의 눈치 싸움을 한다. 그래서 기업들은 더욱 치밀하게 자기소개서 질문들을 개발해 내고, 집단 면접, 토론 면접, PT 면접, AI 면접 등 복잡하고 고도화된 수많은 면접을 개발해 내면서 좋은 구직자들을 선별하려고 하는 것이다. 즉 구직자와 회사 사이의 정보의 비대칭이 취업을 갈수록 어렵게 만드는 것이다.

AI 면접에서는 감히 인공지능 따위가 인간을 평가한다.
(사진 출처: 마이다스아이티)

그리고 이 와중에 돈을 버는 자는 양자의 니즈를 정확히 포착한 각종 취업 포털과 일자리 플랫폼이다. 이들의 역할은 바로 서로가 궁금해하는 정보를 상대에게 제공해 줌으로써 정보의 비대칭을 해소하는 것이다. 이러한 역할을 하는 '플랫폼'은 비단 일자리 플랫폼만이 아니다. 더 맛있는 중국집과 떡볶이에 대한 정보를 얻는 시간을 줄여주는 배달 플랫폼, 썸남·썸녀와의 밀당 시간을 줄이고 내 이상형을 손쉽게 찾아 연결해 주는 결혼정보회사까지 이 모든 플랫폼의 수입의 원천은 다름 아닌 '정보의 비대칭'인 것이다.

수많은 플랫폼 서비스들은
정보를 얻기 위한 비용과 시간을 절감시켜 준다.

그런데 사실 알고 보면 정보의 비대칭 해소를 통해 돈을 버는 건 오늘날의 플랫폼만의 이야기가 아니다. 플랫폼이라는 개념이 없던 20~30년 전부터 사실 우리 가까이에는 이처럼 정보의 격차를 해소해 주고 돈을 버는 사람들이 있었다.

홈쇼핑을 떠올려 보자. 홈쇼핑에서 광고되는 수많은 제

품들도 분명히 하자나 단점이 있을 것이지만, 쇼 호스트들은 그 단점들은 감쪽같이 숨긴 채 마치 당장 사지 않으면 엄청난 손해를 보는 것처럼 그 제품의 장점들만 무수히 나열하며 소비자들의 구매욕을 부추긴다. 반면 제품에 대해 객관적인 정보를 알 수 없는 소비자들은 쇼호스트가 일방적으로 제공하는 정보에만 의존하여 구매 여부를 결정한다. 바로 이것이 앞에서 설명한 정보의 비대칭이고, 이것이 홈쇼핑 업체들의 근본적인 수입의 원천인 것이다.

 홈쇼핑은 우리가 들고 다닐 수 있거나 먹을 수 있거나 즉시 소비할 수 있는 제품들을 주로 판매한다. 하지만 우리가 돈을 주고 구매하는 것은 비단 이런 제품들만이 아니다. 홈쇼핑과 똑같은 정보의 비대칭을 활용해 돈을 버는 세계가 또 있는데, 바로 집이라는 부동산을 소개하는 공인중개사이다. 공인중개사를 찾아가는 고객들은 대부분 얼른 방을 구하고자 하는 마음이 급한 사람들이고, 가까운 미래 어느 날에 맞추어 반드시 방을 구해야만 하는 필요성이 있는 사람들이다. 공인중개사는 고객들의 이러한 상황과 필요성에 대해서 잘 알고 있고, 그들이 원하는 방이 어느 수준인지도 잘 알고 있으며, 매물로 나와 있는 수많은 방들이 어떤 장점과 단점을 갖고 있는지 속속들이 꿰고 있기 마련이다.

 하지만 쇼 호스트들의 소개 방식처럼, 그들도 방들이 가지고 있는 단점과 하자는 최대한 감추면서 장점만을 줄줄이 강조하여 소개하곤 한다. (필자도 공인중개사 자격증 보유자이다. 쇼 호스트를 비롯하여 공인중개사에 대한 어떠한 직업적 비하의 의도도 없으니 오해가 없길 바란다.) 하지만 방에 대한 정보를 객관적으로 알지 못하는 수요자는 방을 구해야만 하는 필요성 때문에 대체로 공인중개사의 말에 의존하여 서둘러 구매 결정을 내리곤 한다. 이것이 또 하나의 정보의 비대칭인 것이다.

집을 보러 다닐 땐 꼼꼼히 확인해야 할 사항들이 많다.

경제학의 한 가지 아이러니한 점은, 이렇게 정보의 비대칭에서 열위에 있었던 방 수요자 또한 본인이 운영하는 매장이나 본인이 지원한 회사의 면접에서는 똑같이 제품의 단점과 본인의 단점을 최대한 감추고 그 장점만을 강조해서 이야기한다. 즉 이것은 경제학적 원리에 따른 필연적인 인간의 보편적 행동양식일 뿐, 특정한 직업군이나 어떤 사람의 인성에 따른 문제가 결코 아니다. (그렇기 때문에 필자가 특정 직업을 비하하려는 의도 또한 당연히 전혀 없는 것이다.)

따라서 이를 해결하기 위해서는 결코 개인의 가치관이나 양심에만 맡겨서는 불가능하다. 경제학의 세계에서는 인간은 본능적으로 누구나 각자의 이익을 위해서만 행동하기 때문에, 이를 해결하기 위해서는 일정한 법과 규칙이 반드시 필요하다. 그리하여 공정거래법, 공인중개사법, 전자상거래법 등 수많은 법률의 제정이 여기서 비롯된 것이다.

이제 우리는 가까운 일상의 곳곳에서 정보의 비대칭이 어떻게 스스로가 모르는 상황에서도 자연스럽게 많은 사람들의 행동으로 나타나는지 깨닫게 되었다. 그러면 좀 더 나아가 수많은 경제학 교과서들에서 소개하는 정보의 비대칭의 사례에 대해 이야기해 보자.

경제학의 유명한 법칙 중 **그레샴의 법칙(Gresham's law)**이라는 것이 있다. 이는 '악화가 양화를 구축한다'는 것인데, 악화는 '나쁜 품질의 화폐(동전)'를 의미하고 양화는 '좋은 품질의 화폐(동전)'를 의미하며, '구축'은 '밀어내기' 또는 '위축'과 비슷한 의미의 단어로 생각하면 된다. 즉 수많은 사람들이 각자 좋은 품질의 지폐와 나쁜 품질의 지폐를 모두 가지고 있을 때, 빳빳한 새 지폐는 아끼고 낡은 지폐만 사용함에 따라 시중에는 낡은 지폐만 유통되고 빳빳한 지폐는 장롱 속에만 보관되는 현상을 말한다.

그레샴의 법칙은 사람들이 새 동전은 아끼고 사용하지 않음에 따라 시중에는 낡은 동전만 유통되는 현상을 뜻한다.

그레샴의 법칙의 기원은 과거 영국에서 비롯된다. 과거

영국에서는 금화나 은화가 화폐로 유통되었는데, 16세기 영국의 헨리 8세는 은 함량을 줄인 은화를 발행함으로써 남은 은에서 경제적 이익을 얻어 재정에 보충하였고, 이러한 관습은 엘리자베스 1세까지 이어졌다. 세월이 흐름에 따라 사람들도 이처럼 여러 혼합물들을 넣어 발행한 화폐에 익숙해졌고, 사람들은 혼합물이 섞인 화폐를 먼저 사용하고 금이나 은 함량이 높은 화폐는 장롱 속에 넣어 따로 보관하기 시작하게 된 것이다. 즉 그레샴의 법칙도 정부만 알고 있는 화폐의 금속 함량과 이를 모르는 국민 간의 정보의 비대칭, 또는 내가 알고 있는 내 화폐의 빳빳한 정도와 이를 모르는 가게 주인 간의 정보의 비대칭에서 비롯된 것이다.

이러한 유사한 비대칭은 중고차 시장에서도 명확하게 나타난다. 중고차를 팔고자 하는 판매자는 내 차의 사고 이력과 주행 이력, 품질 및 하자 정보를 정확하게 알고 있으나 중고차를 사고자 하는 구매자는 그렇지 못하다. 중고차 판매를 중개하는 중고차 딜러 또한 본인이 판매하려고 하는 차의 단점과 하자를 최대한 감추고 장점을 최대한 강조해서 말하고자 할 것이다(역시나 직업에 대한 비하 의도는 없으니 오해 없길 바란다). 따라서 이를 아무런 규제나 개입 없이 그대로 놔둘 경우 중고차 시장에는 품질에 문제가 있는 자동차만 매물로 나오게 되는데, 이를 품질이 나쁜 차를 일컫는 레몬(lemon)만 유통되는 시장이라고 하며 **레몬 마켓(lemon market)**이라고 한다.

중고차 시장은 대표적인 레몬 마켓이다.

이와 같은 눈치 싸움은 돈을 빌리려는 고객과 돈을 빌려주는 은행 사이에서도 일어나는데, 은행은 궁예가 아니기 때문에 돈을 빌리려고 찾아온 고객이 돈을 갚을만한 능력이 있는 사람인지, 돈을 떼어먹고자 찾아온 사기꾼인지 알 수 있는 방법이 없다. 반면 돈을 빌리러 온 고객은 설령 본인이 돈을 떼먹으려고 하는 사기꾼일지라도 마치 돈을 성실하게 갚고자 하는 사람처럼 연기를 할 것이다.

즉 고객은 스스로가 가진 능력과 자산에 대해 정확하게 알고 있지만, 은행은 고객의 능력과 자산에 대한 정보를 전혀 알지 못한다. 정보의 비대칭이 발생하는 것이다. 그리고 여기서 이를 해결해 주는 자는 신용평가기관이 되는데, 신용평가기관은 개인이 가진 자산, 부채, 연봉, 금융 활동 이력, 연체 이력, 신용카드 사용 이력 등을 종합하여 신용점수를 매기고, 은행은 이 신용점수를 활용하여 대출 여부와 대출 금리를 결정하는 것이다. 즉 신용점수는 정보의 비대칭을 해결해 주는 수단이 된다.

신용평가기관은 금융시장에서 발생하는 정보의 비대칭 문제를 해결해 준다.

앞서 정보의 비대칭의 사례로 면접관과 지원자의 사례를 이야기했다. 하지만 정보의 비대칭은 입사 후에도 일어난다. 근로자는 내가 일하고자 하는 의욕이 어느 정도이고 내가 구체적으로 어느 정도의 노력을 들여 얼만큼의 일을 끝낼 수 있는지를 정확히 알고 있다. 따라서 근무 시간에 최소한의 노력과 시간만 투자하고자 할 것이다.

반면 근로자를 고용한 고용주는 근로자의 노력과 능력을 최대한 많이 활용하여 그 업무 성과를 극대화하고자 할 것이지만, 근로자의 열정과 근로 의욕이 어느 정도인지 정확히 알지 못하며, 근로자의 일거수일투족을 일일이 감시할 수도 없다. 따라서 고용주는 높은 성과를 낸 근로자에게 성과급이라는 보상을 지급함으로써 근로자가 자연스럽게 열심히 일하도록 유도한다. 즉 정보의 비대칭을 해결하는 방안으로 성과급 또는 인센티브라는 '보상'이 활용되는 것이다.

이제 약간 어려운 얘기를 꺼내보자. 그렇다면 과연 CEO는 늘 열심히 일하려고 할까? 놀랍게도 그렇지 않다. 대부분의 주식회사는 소유와 경영이 분리되어 있고,

회사의 소유자, 즉 주인은 바로 그 회사의 주식을 보유한 주주이다. 그리고 CEO는 회사의 효율적인 경영을 위해 주주들로부터 고용된 경영자일 뿐이다.(앞에서 말했던 것처럼, 대기업의 '임원'은 '임시직원'의 줄임말이라는 것을 떠올려 보라.)

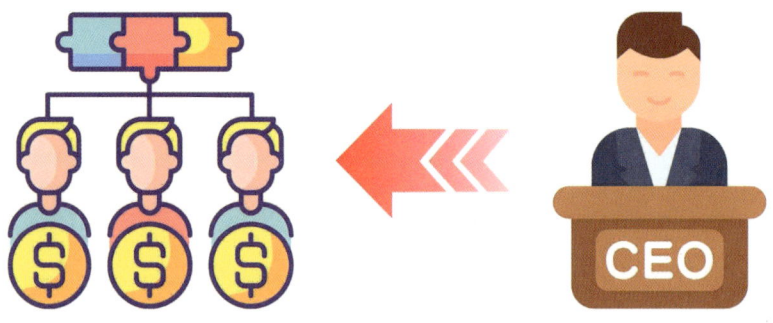

CEO도 회사의 효율적인 경영을 위해
주주로부터 고용된 직원이다.

따라서 CEO도 고용되어서 일하는 대다수의 회사원들처럼, 주주들에게 혼나지 않을 만큼 최소한의 노력과 시간을 투입해서 최소한만 일하고자 할 것이다. 그리고 회사원을 감시하고 싶어 하는 많은 고용주들처럼, 당연히 주주도 이러한 CEO를 감시하고자 할 것이지만 그들 역시 CEO의 일거수 일투족을 일일이 감시할 수 없기 때문에, 그 해결책으로 '보상'을 활용한다. 그 보상은 '스톡옵션'이라고 부르는 것이고, 이는 일정 기간 내에 일정한 가격으로 그 회사의 주식을 구매할 수 있는 '권리'를 부여하는 것이다.

 만약 어떤 회사의 현재 주식의 가격(주가)이 5만 원이라고 할 때, 그 회사의 CEO에게 스톡옵션으로서 '회사 주식을 7만 원에 살 수 있는 권리'를 부여했다고 하자. CEO가 최선을 다해 열심히 일해서 회사의 성과가 크게 상승하여 주가가 10만 원으로 오른다면, CEO는 7만 원에 주식을 구매할 수 있는 권리를 행사하여 1주당 3만 원의 이득을 볼 수 있으므로, 본인의 이득을 극대화하기 위해서 주가를 올리고자 열심히 일할 것이다. 즉 여기서도 '정보의 비대칭'의 해결 방안은 '보상'이 된다. 일반 회사원들에 대한 보상이 성과급이라면 CEO에 대한 보상은 스톡옵션이 되는 것이다.

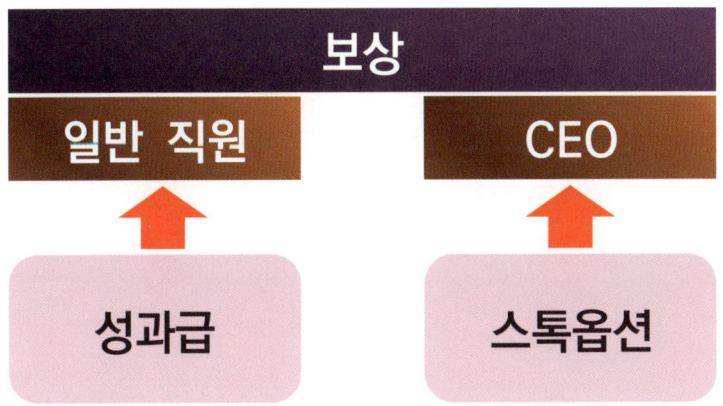

경제학의 세계에서 개인은 늘 본인의 이득이 되는 방향으로 행동한다. 그렇기 때문에 사람들은 늘 일관성 있게 행동할 수는 없다. 공인중개사도 홈쇼핑에서 물건을 사고, 쇼 호스트도 중고차를 구매하며, 중고차 판매자도 평범한 회사원이고, CEO도 집을 살 땐 공인중개사를 찾는다. 세상사는 늘 돌고 도는 것이다.

INSIGHT 07

변호사가 영상편집을
배우는 이유

한겨울 바닷가 횟집과
텅 빈 영화관이
영업을 하는 이유

많은 사람들이 요즘 사회는 하나만 잘해서는 먹고 살기 힘들다고 한다. 이는 비단 직업이나 사람에만 국한되는 것이 아니다. 쇼핑몰도 소비자들의 눈높이가 상향평준화 됨에 따라 가격뿐만 아니라 서비스, 답변 속도, 친절도, 리뷰, UI, 디자인, 접근성, 배송 등 모든 요소를 종합적으로 만족해야 하며, 화장품도 피부 타입, 성분, 퍼스널 컬러, 브랜드, 제품 타입, 가격, 친환경, 색감, 용기, 디자인 등 수많은 요소들을 만족시켜야 한다. 한 가지 요소만 뒤떨어져도 경쟁에서 크게 밀리기 일쑤이다.

오늘날 SNS의 영향력은 분야를 불문하고 어마어마하다.

전 세계적인 SNS 열풍과 유튜브를 비롯한 각종 플랫폼과 정보의 홍수 속에서 모든 것의 기준이 상향평준화되고 있는 것이다. 유명인에게 요구되는 인격적 기준도 상향평준화되어 큰 인기를 끌던 유명 연예인도 말실수 하나에 사회적 비난을 받고 유명 인사나 정치인의 찰나의 행동 하나하나도 모두 포착되어 전국적으로 퍼져나가는 세상이다.

이를 경제학적으로 분석해 보자. 40점 맞는 과목을 70점으로 만드는 것은 상대적으로 쉽다. 반면 80점 맞는 과목을 95점으로 만드는 것은 훨씬 어렵다. 뭐든지 기준이 높아지고 상향평준화가 될수록 더 높은 목표를 달성하는 것은 어려운 것이다.

어느 과목의 점수가 더 높은가?
점수를 올리기 더 쉬운 과목은 무엇인가?

장사를 하는 기업도 마찬가지이다. 고객만족도를 4점에

서 7점으로 올리는 것은 상대적으로 쉽지만 8점에서 9.5점을 만드는 것은 훨씬 어렵고, 불량률을 20%에서 10%로 줄이는 것은 상대적으로 쉽지만 3%에서 1%로 줄이는 것은 훨씬 어렵다. 즉 기준이 높아질수록 동일한 성과를 얻기 위해서는 훨씬 더 많은 노력과 비용이 투입되는 것이다. 생각해 보라, 배가 엄청나게 고픈 상황에서는 고기 한 점이 정말 맛있게 느껴지지만 배가 엄청나게 부른 상황에서는 눈 앞에 있는 고기도 먹고 싶지 않게 느껴진다.

이제 N잡과 부업은 흔한 일상이 되었다.

이는 직업의 세계에서도 마찬가지이다. 이제는 직업도 하나로는 부족하여 경쟁력을 높이기 위해 낮에는 직장인이 밤에는 피자가게를 하고, 변호사도 영상편집을 공부한다. 영업사원도 코딩을 공부하며, 교대근무를 하는 간호사도 책을 쓰는 작가가 된다. 대학 교수도 학생을 유치하기 위해 발 벗고 홍보를 다니고, 공인회계사도 법학을 공부하기 위해 로스쿨을 다닌다. 이처럼 끊임없는 상향평준화 속 무한경쟁은 이제 우리 사회에서는 보기 드물지 않은 광경이 되었다.

이제 시각을 바꾸어 이러한 상향평준화와 무한경쟁의 논리를 반대로 설명해 보자. 기준과 잣대가 높아질수록 동일한 성과를 얻기 위해서는 훨씬 더 많은 노력과 비용이 필요하다고 했다. 이를 다시 말하면 작은 성과를 내는 데에도 훨씬 많은 비용과 노력이 드는 상향평준화 상황에서는, 조금만 실수를 해도 소비자들의 실망감은 몇 배나 커지는 반면 서비스의 질이 높아지더라도 소비자 만족도의 증가 폭은 미미하다.

즉 이를 반대로 말하면, 기준과 잣대가 낮은 하향평준화의 상황이라면 노력과 비용을 거의 들이지 않고도 큰 성과를 낼 수 있다는 뜻이고, 서비스의 질이 조금만 높아지더라도 소비자들의 만족도는 크게 증가한다는 의미가 된다. 따라서 이러한 하향평준화의 상황에서는 누구든지 노력과 비용을 아낌없이 투자할 것이다.

심야의 영화관을 떠올려 보자. 관객이 한 명뿐인 텅 빈 어느 상영관이 있다고 하자. 영화관이 하나의 상영관에서 영화를 한 편 더 상영하는 데 추가로 드는 비용은 얼마일까? 직원에게 지급되는 급여나 임대료, 전기요금, 관리비 등은 영화를 한 편 더 상영하든 상영하지 않든 어차피 들어가는 비용이다. 이를 전문용어로 고정비용이라고 한다. 그러므로 영화관에서 영화의 상영 여부를 결정하는 데 이러한 고정비용은 영향을 미치지 못한다.

그렇다면 영화를 보여주든 안 보여주든 이러한 고정비용은 똑같이 들어간다고 할 때, 영화를 한 편 더 보여줄 때 들어가는 비용은 기껏해야 영사기를 한 번 더 가동하는 정도에 불과할 것이다. 이는 영화관의 규모를 고려하면 거의 없는 비용이나 마찬가지이다. 이처럼 영화를 한 편 더 들어가는 데 드는 비용은 영화를 보러 온 관객 수가 1명이든, 만석이든 동일하게 거의 없는 수준에 그친다. 따라서 영화관을 운영하는 입장에서는 무조건 영화를 상영하는 쪽이 더 현명한 선택이 되는 것이고, 어차피 영화를 보러 오는 관객이 0명이 아닌 이상 영화 티켓 가격은 더 높은 편이 이득이 될 수 있다. 그래서 많은 영화관들이 관객이 줄어도 영화 티켓 가격 인상에는 적극적인 것이다.

관객이 한 명뿐이더라도
영화관은 영화를 상영하는 것이 더 이득이 되는 선택이다.

즉, 우리는 동일한 성과를 내는 데 드는 노력과 비용이 적다면, 작은 비용과 노력만으로도 큰 성과의 창출이 가능하기 때문에 비용과 노력을 아낌없이 투자한다. 이와 비슷한 사례는 한겨울 바닷가의 횟집에서도 찾아볼 수 있다.

어느 식당이든지 인건비, 임대료, 전기요금, 관리비 등은 손님이 적든 많든 문을 닫든 열든 항상 일정하게 지출되는 고정비용이다. 이는 바닷가의 횟집에서도 마찬가지이므로, 오늘 문을 열지 말지 결정하는 데 고정비용은 큰 영향을 미치지 못한다. 문을 열든 안 열든 이러한 고정비용은 항상 비슷하게 지출되는 반면, 손님을 몇 명이라도 받으면 이는 식당의 수익이 된다. 따라서 사람이 없는 적막한 한겨울 바닷가의 횟집도 영업을 하는 편이 문을 닫고 쉬는 것보다 경제적으로 더 현명한 선택이 되는 것이다.

한겨울 바닷가의 횟집도 문을 닫는 것보다
영업을 계속하는 것이 더 이득이 되는 선택이다.

한편 이러한 상향평준화는 잘 활용하면 우리의 발전과

성장에 큰 도움이 되기도 한다. 시험을 잘 보기 위해서는 80점인 과목을 95점으로 올리기 위해 공부하는 것보다 40점인 과목을 70점으로 올리기 위해 공부하는 편이 더 수월하다. 마찬가지로 더 매력적인 사람이 되고 싶다면 본인이 자신있는 부분보다 본인이 자신 없는 부분을 발전시키는 것이 더 효과적이고 현명한 선택이 될지 모른다.

INSIGHT 08

빚내서 집 사는 투자가
성공률이 높은 이유

오르지 않는 월급과
늘어나는 나랏빚의 공통점

우리는 많은 경우에 눈에 보이는 것들만을 신뢰하며, 눈에 보이지 않는 것들은 거짓이거나, 혹은 존재하지 않는 것들이라고 믿는다. 그러나 때로는 마치 타짜의 손놀림이나 야바위처럼 눈에 보이는 것이 오히려 속임수이거나 거짓일 때도 있다. 이는 비단 도박장에서뿐만이 아니라, 로맨스 스캠처럼 눈에 보이지 않는 이성을 눈에 보이는 존재라고 믿기도 하며, 조삼모사 일화의 원숭이들처럼 당장 눈앞에 늘어난 먹이를 보고 더 나은 결과가 일어났다고 믿기도 한다.

**야바위의 세계에서는
눈에 보이는 것들이 진실이 아닌 거짓일 수 있다.**

이와 유사한 현상은 경제학의 세계에서도 발견된다. 우리는 경험적으로, 역사적으로 물가가 꾸준히 상승하는 것을 알고 있다. 30년 전 짜장면 한 그릇의 가격과 현재의 짜장면 한 그릇의 가격을 비교해 보면 금세 와닿을 것이다. 그런데 꼭 30년이라는 긴 세월이 필요한 것은 아니다. 물가는 계속 오르고, 오늘의 물가와 내일의 물가도 엄밀히 말하면 다르다. 예컨대 연간 물가상승률이 3.6%라고 하면, 단순히 생각해 보았을 때 한 달에는 평균 0.3%씩, 하루에는 평균 0.01%의 물가가 상승하는 셈이 된다.

월급보다 물가가 더 많이 올랐다면,
실질적으로 월급은 오른 것이 맞을까?

물가가 오르면 어떤 일이 일어날까? 쉽게 생각해 보자. 많은 회사원들이 최소한 물가상승률 수준의 임금인상을 요구한다. 내년에 내 연봉이 2%가 오르더라도 물가가 3% 오른다면 이는 실질석으로는 연봉이 오른 것이 아니라 오히려 1% 감소한 것임을 우리는 익히 잘 알고 있다. 물가가 3% 오른다면 연봉인상률은 3%가 되어야 겨우 본전치기가 되는 것이다. 만일 물가가 5%나 올랐는데도 3% 오른 연봉을 보고 좋아한다면 이는 물가 상승의 효과를 간과한 어리석은 행동인 것이다.

 물가의 상승은 이처럼 속임수를 만들어 낸다. 마치 야바위나 조삼모사처럼, 내 눈에 보이는 월급 액수가 사실은 진짜 그 금액이 아닌 것이다. 마찬가지로, 내가 4%의 예금을 들었는데, 물가가 2%로 올랐다면, 실제 내 수익은 2%에 불과하다. 내가 들은 예금이 2%인데 물가 상승률이 3%나 된다면 이는 수익을 본 것이 아니라 오히려 1% 손실을 본 것이다.

예금 이자율보다 물가가 더 많이 올랐다면,
나는 실질적으로 수익을 본 것이 맞을까?

하지만 많은 경우에 우리는 이러한 물가 상승을 간과한

채 내 눈에 보이는, 통장에 찍힌 금액만 보고 나의 수익률과 자산을 평가하는 우를 범하곤 한다. 이를 유명한 경제학자 케인즈(Keynes)는 **화폐 환상(Money Illusion)**이라고 불렀다. 야바위꾼에 속지 않으려면 재빠른 눈썰미가 필요한 것처럼, 물가의 상승이 만드는 속임수인 화폐 환상에 속지 않기 위해서도 일정한 경제학적 식견이 필요한 것이다.

그렇다면 만약 대출 이자율보다 물가가 더 많이 올랐다면 나는 실질적으로 이자를 내고 있는 것이 맞을까?

우리는 월급과 예금의 사례를 통해 내 수익이 실질적인 수익과 다를 수 있다는 환상에 대해 살펴보았다. 그렇다면 반대로 돈을 빌릴 때는 어떨까? 돈을 벌었던 상황과 반대로 생각하면 된다. 예컨대 5%의 이자율로 은행에서 돈을 빌렸다고 하자. 물가가 3% 상승하였다면 오히려 내가 지불한 실제 이자율은 2%밖에 되지 않게 된다. 놀랍지 않은가? 물가가 오르면 가만히 있어도 빚이 줄어드는 효과가 생긴다. 심지어 내가 3%의 이자율로 대출을 받았는데 물가상승률이 4%라면 나는 1%의 이자수익을 벌어들인 셈이 된다. 물가가 오르면, 빚은 저절로 갚아진다.

빚을 내서 부동산을 사는 투자를 생각해 보자. 물가는 꾸준히 오른다. 경기가 호황이 되어 물가가 오르면 부동산 가격도 따라서 오르는 경우가 많다. 그리고 놀랍게도 내가 진 빚은 앞서 얘기한 것처럼 저절로 줄어드는 효과가 생긴다. 그래서 빚내서 부동산 사는 투자는 성공할 가능성이 높기 마련이다. 이때 열심히 땀흘려 일하는 월급쟁이는 어떨까? 앞서 물가가 오르면 월급은 줄어드는 효과가 생긴다고 했다. 열심히 일해서 받은 월급의 가치는 점점 줄어든다. 그렇게 빚내서 부동산을 산 사람과 열심히 근로소득을 벌어들이는 월급쟁이의 격차는 물가 상승으로 인해 더욱 커지게 되는 것이다. 물가가 만드는 화폐 환상이 바로 이것이다.

그래서 빚을 내서 부동산을 사는 투자자는 꼭 빚을 빨리 갚는 것이 마냥 유리하지만은 않다. 빚은 시간이 지나면 저절로 갚아진다고 했다. 부동산 가격은 많은 경우에 물가와 함께 오른다. 최소한의 빚만 갚고 더 많은 대출을 받아 더 많은 부동산을 구입하는 것이 더 유리한 선택일 수 있는 것이다.

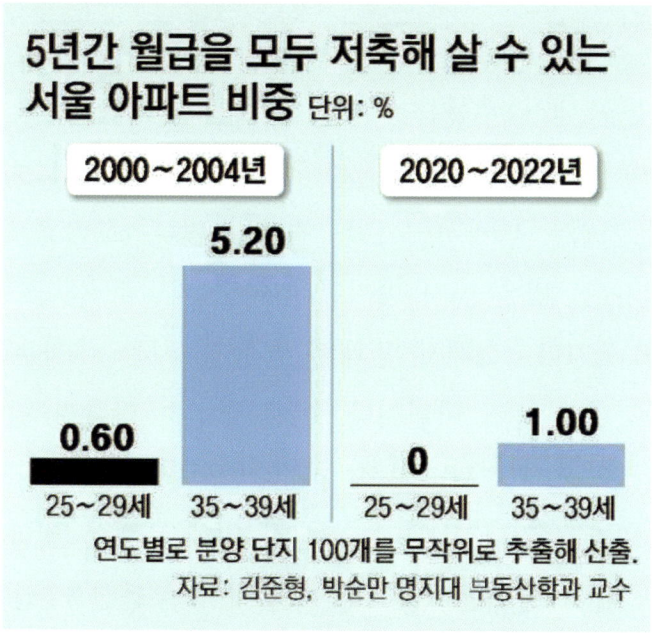

근로소득과 서울 아파트 가격의 격차는
시간이 지날수록 점점 커진다.
(출처: 동아일보, 2024.05.22.)

그런데 빚을 지는 것은 꼭 개인만이 아니다. 기업이나 법인도 빚을 지고, 나아가 국가도 빚을 진다. 아까 물가가 오르면 저절로 빚이 갚아지는 효과가 생긴다고 했다.

그래서 국가 부채는 가만히 두면 그 실질적인 가치는 사실상 줄어드는 효과가 생긴다. 즉 가만히 있어도 나랏빚은 갚아진다. 따라서 국가 입장에서는 부채를 부지런히 갚는 것보다 꼭 갚아야 될 빚만 우선으로 갚고 일정 수준 이상의 부채를 꾸준히 유지하는 것이 더 유리한 전략일 수 있다. 마치 빚을 내서 부동산을 사는 어느 개인들처럼 말이다.

우리나라의 나랏빚은 점점 늘어나고 있지만,
'화폐 환상'을 고려하면 사실 너무 걱정할 필요는 없다.
(출처: 연합뉴스, 2024.08.02.)

따라서 국가는 웬만큼 많은 부채를 지더라도 시간이 많은 것을 해결해 준다. 그래서 나라는 빚이 많아도 웬만

하면 망하기 쉽지 않은 것이다. 매일매일 국가 부채가 늘어나고 있다는 뉴스를 보고 마음 졸이며 걱정하는가? 그 부채를 관리하는 금융당국의 수장들은 물가가 만드는 이러한 환상에 대해 누구보다 잘 알고 있으니 너무 걱정하지 않아도 된다.

INSIGHT 09

나도 모르게 가입된 자동결제와
사이렌 오더의 공통점

내 아이 돌잡이 때
판사봉을 잡게 하는 방법

우리의 행동은 때로는 이성과 논리보다 감각과 본능에 의존하는 경우가 많다. 그리고 많은 경우에 이러한 행동과 선택은 우리가 이를 인지하지 못하는 사이에 발생하곤 한다. 그리고 사람들의 이러한 행동 패턴을 꿰뚫어 본 어느 경제학 전문가들이나 마케팅 전문가들은 사람들로 하여금 특정한 행동을 하도록 유도하는데 이러한 본능을 활용하기도 한다.

우리는 이런 스티커를 보면 누가 시키지 않아도
본능적으로 그 위에 서곤 한다.

신체검사나 건강검진을 받을 때 시력검사실에 들어가면 우리는 본능적으로 누가 가리키지 않아도 발바닥 표시 위에 발을 맞추어 선다. 마트에 사람들이 붐빌 때 바닥에 유도선을 그려 놓으니, 사람들은 알아서 그 선 위에 줄을 선다. 자선 모금함에 눈동자 스티커를 붙여놓자 누군가 지켜보고 있다는 본능 때문에 기부금이 폭발하였다는 어느 연구 결과나, 사고율을 줄이기 위해 운전자들에게 경각심을 주고자 화물차 뒤에 붙여놓은 눈동자 스티커도 동일한 원리에서 비롯한다.

 주유소에서 휘발유와 경유를 안내 표식이 아닌 주유기의 색깔로 구별한다거나, 고속도로에서 자연스럽게 노면 유도선을 따라 운전하게 되는 사례는 운전자들의 입장에서는 쉽게 공감할 수 있는 사례이다. 또한 실제 과속방지턱이 설치되어 있지 않더라도, 노면에 과속방지턱과 유사한 페인트를 칠함으로써 운전자들은 본능적으로 속도를 줄이게 되는 것도 역시 같은 사례이다.

운전자들은 안내문 없이 주유기 색깔만 보고도
본능적으로 휘발유와 경유를 구분한다.

사망할 확률이 20%라는 의사의 진단에는 크게 낙심하지만 생존할 확률이 80%라는 의사의 진단에는 크게 안심하고, 100,000원이라는 홈쇼핑의 가격은 너무 비싸게 느껴지지만 99,900원이라는 가격에는 거부감이 덜해지며, 남자 화장실 소변기에 파리 스티커를 붙인 후 사람들이 본능적으로 파리 스티커에 조준하게 되어 보다 청결한 화장실이 만들어졌다는 사례도 마찬가지이다.

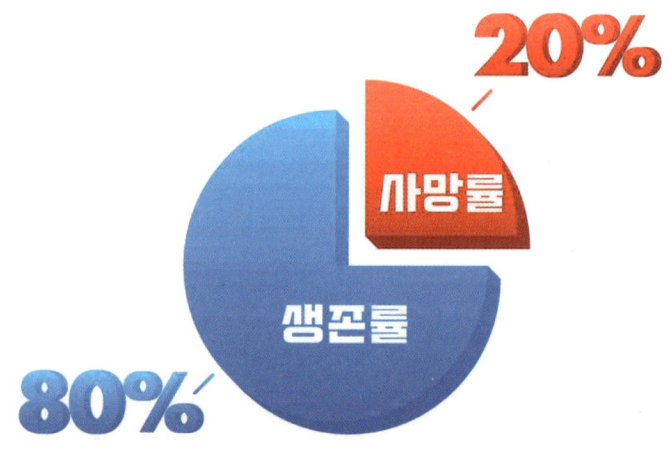

'사망률 20%'와 '생존률 80%', 똑같은 얘기지만
표현 방식에 따라 체감되는 심각성은 다르다.

이처럼 우리는 우리가 모르는 사이에 마치 조종을 당하고 있는 것처럼 자연스럽게 우리의 행동과 선택을 강요받고 있는 경우가 많다. 이를 마치 옆구리를 쿡 찔러 눈치를 주어서 행동을 변화하게 한다고 하여 **넛지 효과**

(Nudge Effect)라고 부른다. 이것이 긍정적으로 사용되는 경우, 쓰레기 무단 투기가 빈번한 지역에 단순한 경고문이 아닌 화단 조성이나 어린아이 벽화를 그려 쓰레기 무단 투기를 자연스럽게 감소시키고, 학교 근처에 밝고 예쁜 벽화를 그려 학교폭력을 감소시킬 수 있다.

2020년 서울 구로구에서는 흥미를 유발하여 담배꽁초를 쓰레기통에 버리도록 유도하는, 넛지 효과형 담배꽁초 쓰레기통 '꽁초픽'을 도입한 바 있다.
(출처: 경향신문, 2020.06.15.)

구내식당에서 직원들이 건강한 음식을 많이 먹게 하려면 건강한 음식을 눈에 잘 띄고 접근성이 좋은 위치에 배치하면 되고, 금연 정책을 효과적으로 펼치고자 하는 경우 더 섬뜩하고 강력한 흡연 경고 문구와 흡연 피해 환자 사진을 담뱃갑 전면에 더 크게 넣으면 된다. 심지어는 비만율을 낮추기 위해 그릇이나 숟가락의 크기를 작게 제작하도록 하는 정책을 펼치기도 한다.

한편 고단수의 마케팅 전문가들은 이를 소비자들로 하여금 자신들의 이익에 부합하게 행동하도록 유도하는 데 활용한다. 마치 무료로 제공하는 서비스인 것처럼 현혹하여 무료 체험 서비스를 가입하게 한 뒤 한 달쯤 지나 소비자들이 가입 사실을 잊어버릴 즈음 되면 나도 모르게 자동결제가 시작되도록 하거나, 단순히 주문 여부를 확인하는 팝업 알람인 줄 알았는데 알고 보니 서비스 변경에 동의하는 내용이거나, 또는 '딱 오늘만 할인 판매', '매진 임박' 등의 문구로 소비자들의 구매를 재촉하는 경우가 바로 그것이다.

잘 팔리지 않는 재고상품을 가장 눈에 잘 띄는 매대에 진열해 두어 고객의 구매를 유도한다든가, 이벤트 특가 상품을 매장 가장 구석진 곳에 두어 이를 구매한 고객이 그 상품을 들고 나오는 동안 수많은 상품들을 마주치게 하여 구매욕을 자극하는 전략도 이에 해당한다.

미리 내가 자주 방문하는 지점과 내가 자주 주문하는

음료를 저장해 놓아 자연스럽게 다음 번에도 동일한 지점에서 동일한 음료를 주문하게끔 유도하는 스타벅스의 사이렌 오더, 카페에서 커피를 주문할 때 중간 사이즈의 커피를 기본 사이즈로 세팅해 두는 전략, 모두 나도 모르는 사이에 이성과 논리가 아닌 감각과 본능에 따라 행동하게 되는 자연스러운 이끌림, 즉 **넛지(Nudge)**를 활용한 마케팅 전략이다.

돌잡이의 순간에는 모두가 긴장한다.

만약 내 아이의 돌잡이 때 마이크나 명주실이 아닌 판사봉을 잡게 하고 싶은가? 마이크나 명주실은 눈에 띄지 않는 평범한 색상과 사이즈로 디자인하고, 판사봉은 눈에 확 띄는 화려한 색상과 커다란 사이즈로 제작해 보

라. 아이는 자연스러운 이끌림에 따라, 감각과 본능대로 판사봉을 움켜쥘 것이다.

INSIGHT 10

핸드폰과 가전제품의
모델 라인업이 다양한 이유

영화 조조할인과
항공권 비즈니스 좌석의 공통점

사람의 성향과 성격은 제각각이다. 작은 선물이나 따뜻한 말 한마디에도 큰 감동을 받는 사람이 있고, 큰 상처나 아픔을 겪어도 상대적으로 무덤덤한 사람이 있다. 우리는 앞의 사람을 민감한 사람이라고 하며, 뒤의 사람을 둔감한 사람이라고 한다.

이러한 민감하고 둔감한 성격의 차이는 소비 생활에서도 똑같이 드러나는데, 작은 할인 이벤트에도 열심히 참여하는 사람이 있고, 조금 더 비용을 내더라도 편안함을 추구하는 사람도 있다. 그리고 많은 기업가들과 상인들은 이러한 소비자의 성향을 효율적으로 이용하여 그들의 이익을 극대화하고자 한다.

예를 들어 영화를 보고 싶어 하는 어느 고등학생과 대기업 사장님이 있다고 하자. 돈이 없는 고등학생은 조금 더 고생하고 시간과 노력을 들이더라도 더 싸게 영화를 보는 편을 선호할 것이다. 반면 대기업 사장님은 돈이 많기 때문에 조금 더 돈을 내더라도 더 적은 시간과 노력을 들여 편안함을 추구하는 데 더 높은 가치를 둘 것이다.

그러면 영화 티켓을 파는 영화관은 어떠한 판매 전략을 세워야 할까? 두 사람에게 동일한 가격으로 티켓을 판매하는 것보다 청소년에게는 더 싸게, 대기업 사장님에게는 더 비싸게 판매하는 것이 영화관에는 더 큰 이득이 될 것이다. 그런데 대기업 사장님이 바보도 아니고, 똑같은 티켓을 두고 더 낮은 가격과 더 높은 가격을 고르라고 하면 아무리 돈이 많아도 더 높은 가격을 선뜻 선택하는 사람은 아마 없을 것이다.

대기업 CEO와 고등학생의 지갑 사정은 전혀 다르다.
따라서 가격에 대한 반응 또한 서로 다르다.

그래서 영화관은 이를 해결하고자 시간대를 분리한다. 많은 사람들이 아침잠에 허덕이고 있을 이른 아침 시간에는 조조할인이라는 이름으로 더 저렴한 가격에 티켓을 판매한다. 모두가 편안하게 영화관을 방문할 수 있는 오후 시간대에는 정상 가격으로 티켓을 판매한다. 가격에 상대적으로 민감하여 더 저렴한 가격을 원하는 청소년은 조조할인을 받기 위해 기꺼이 아침 일찍 일어나 영화관을 찾는 수고로움을 감내할 것이지만, 대기업 사장님은 기꺼이 정상 가격을 지불하면서 오후에 쾌적하고 편안하게 영화관을 방문할 것이다. 그리고 이렇게 영화관은 원하는 목적을 달성하게 되었다.

■ 일반(2D)

요일	시간대	일반	청소년
월~목	모닝(06:00~)	10,000	8,000
	브런치(11:01~)	12,000	10,000
	일반(13:01~)	14,000	11,000
금~일 (공휴일)	모닝(06:00~)	11,000	8,000
	브런치(11:01~)	15,000	12,000
	일반(13:01~)	15,000	12,000

2024년 11월 기준 CGV 대학로점의 일반(2D) 영화 관람료
(출처: CGV 홈페이지)

그러나 수익을 극대화해야 하는 영화관은 여기서 만족하지 않는다. 더 많은 수익을 벌어들이고자 고객을 더 세분화하는 방안을 떠올린다. 그리고 좌석의 등급을 나

누기 시작한다. 영화를 감상하기에 더 편안하고 좋은 자리는 더 좋은 등급으로 분류하여 더 높은 가격을 책정하고, 영화를 감상하기에 상대적으로 불편하고 좋지 않은 자리는 더 저렴한 가격을 책정한다. 이 또한 가격에 민감하여 저렴한 가격을 위해서는 일정한 불편함을 감수하려는 고객과 가격에 둔감하여 비싼 가격을 선뜻 지불하면서 편안함을 추구하고자 하는 고객을 분류하여 각기 다른 가격을 지불받고자 하는 전략이다. 그리고 많은 경우에 이러한 전략은 잘 들어맞는다.

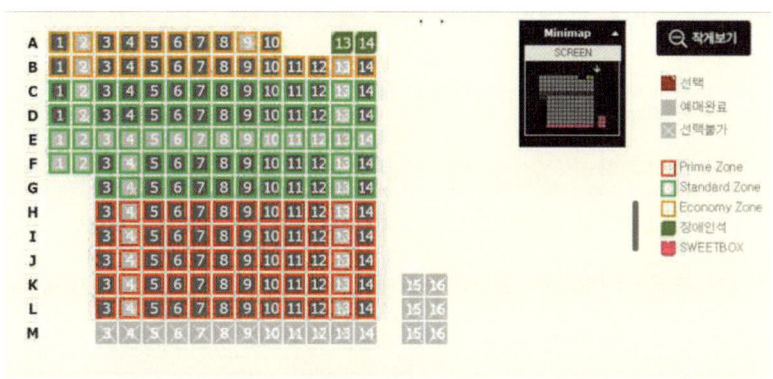

2016년 3월 도입되어 논란을 불러 일으켰던 CGV의 영화 좌석 가격차등제는 2020년 10월 폐지되어 더 이상 시행되지 않는다. (이미지 출처: YTN, 2016.03.09.)

이를 우리는 **가격차별(Price Discrimination)**이라고 부른다. 즉, 동일한 제품에 대하여 소비자별로 각기 다른 가격을 부과하는 차별적인 정책이라는 의미이다. 이는 사실 우리가 모르는 사이에 우리 일상 곳곳에 밀접하게 침투해 있는 매우 보편화된 경제학적 전략이다.

보통 한 번에 많이 사면 개당 가격은 더 저렴해진다.

　10개 묶음을 사면 개당 가격이 더 저렴하거나, 전기 사용자가 적은 심야 시간대의 전기를 할인해 주는 정책도 가격차별 정책이다. 자동차 회사가 국내 시장의 자동차 가격은 비싸게 책정하고 해외 시장의 자동차 가격은 상대적으로 저렴하게 책정하는 것도, 그 나라에 그 회사의 자동차 외에 구매할 수 있는 다른 자동차가 얼마나 있느냐를 고려한 가격차별 정책이다. 박물관이나 놀이공원에 입장할 때 어린이와 성인과 어르신의 가격이 다른 것, 문화시설이나 관광지에서 지역 주민에게 가격 할인을 해 주거나 카페 단골손님에게 스탬프를 발행해 주어 스탬프를 다 채운 고객에게 무료 커피를 제공하는 정책도 모두 가격차별의 일종이다.

 택시를 타는 모든 승객은 거리와 상관없이 기본 요금을 지불하되 거리에 따라 추가 요금을 지불하는 것, 골프장이나 헬스장에서 회원권을 일정한 가격으로 먼저 구매하게 한 뒤 이용할 때마다 추가 비용을 지불하게 하는 것도 가격차별 중 하나이다. 이용량이 많은 고객에게는 더 많은 수익을 얻으면서, 이용량이 적은 고객에게도 일정한 수익을 기본으로 보장받는 전략이기 때문이다.

스마트폰은 기종마다 옵션도 다르고 가격도 다르다.

 이러한 가격차별의 원리는 핸드폰이나 가전제품을 구매하는 고객들에게도 동일하게 적용된다. 가격에 민감한 고객은 상대적으로 저렴한 가격의 핸드폰이나 가전제품을 구입하는 대신 어느 정도 떨어지는 성능이나 옵션을 기꺼이 감수하려고 할 것이다. 반면 가격에 둔감한 가격은 상대적으로 비싼 가격의 핸드폰을 선뜻 구매하는 대신 좋은 성능이나 옵션을 보장받고자 할 것이다. 서로 다른 성향을 가진 두 유형의 고객에게 동일한 모델을 판매하는 것보다 두 소비자를 분리하여 각각의 성향에 맞는 제품을 판매하는 것이 기업의 입장에서는 훨씬 큰 이득이 되기 때문에 핸드폰과 가전제품에 서로 다른 옵션과 기능을 지닌 여러 종류의 라인업이 존재하는 것이다.

앞서 영화관의 사례로 다시 돌아가 보면, 영화관은 가격차별 전략의 일환으로 좌석 등급을 나눈다고 했다. 이와 같은 논리로 온라인 쇼핑몰도 구매 금액에 따라 고객들의 등급을 나누어 서로 다른 혜택을 주고, 백화점도 구매 금액이 많은 고객을 VIP 등급으로 분류하여 차별화된 혜택을 준다. 항공기를 타는 승객을 비싼 항공권의 비즈니스 클래스와 저렴한 항공권의 이코노미 클래스로 나누는 것도 같은 이치이다.

돈이 많은 사람은 가격에 둔감해지고, 돈이 적은 사람은 가격에 민감해지는 것이 경제학의 자연스러운 원리이다. 어쩌면 사람의 마음속 배려와 존중의 크기 또한 그 마음속 결핍과 여유의 차이에 따라 달라지는 것일지 모르겠다.

비즈니스 클래스보다 상위의 퍼스트 클래스도 있다.

INSIGHT 11

한국은행이 만드는
피그말리온 효과

칭찬과 달러의 공통점

어떠한 꿈과 목표를 간절하게 바라면 현실로 이루어진 다는 의미의 '피그말리온 효과'라는 단어가 있다. 마치 미신적인 얘기에 불과한 것 같지만, 실제로 스스로 자신감과 응원을 불어넣는 긍정적인 단어는 목표를 위해 더 열심히 노력하게 만드는 원동력이 되기도 한다. 자신의 가치를 깎아내리면서 미래를 비관하고 절망하는 것보다는 흔들리는 마음을 다잡으며 긍정적인 주문을 외우는 것이 마음 건강과 심리적 안정에 도움이 되는 것은 명백한 사실이다. 즉, 만일 피그말리온 효과가 현실에서 이루어진다면, 이는 아마 그 간절한 기도나 주문 때문이 아니라 그 기도나 주문을 통해 얻게 된 긍정적인 에너지와 자신감 때문일 가능성이 더 높을 것이다.

간절한 바람과 긍정의 주문은 기대를 현실로 만들어 낸다.

놀랍게도 이러한 피그말리온 효과는 경제학의 세계에서도 일어난다. 예컨대 모든 사람이 경기가 좋아질 것이라는 믿음을 갖고 있다고 생각해 보자. 모든 사람이 앞으로 경기가 좋아지리라 생각하므로 기업은 고용과 투자를 늘릴 것이며, 소비자들은 더 많은 물건을 구매할 것이고 취업을 포기했던 구직자들은 취업시장에 뛰어들 것이다. 그러면 실제로 늘어난 고용과 투자와 소비와 취업 때문에 자연스럽게 경제 상황은 좋아질 것이다. 긍정적인 미래에 대한 단순한 믿음이 실제로 긍정적인 미래를 만들어 낸 것이다. 바로 피그말리온 효과이다.

하지만 피그말리온 효과는 안타깝게도 반대 방향으로도 일어난다. 다시 예를 들어 모든 사람이 경기가 나빠질 것이라는 믿음을 갖고 있다고 생각해 보자. 모든 사람이 앞으로 경기가 나빠지리라 생각하므로 기업은 고용과 투자를 줄일 것이며, 소비자들은 물건을 구매하지 않으려 할 것이고 취업을 준비하던 구직자들은 취업을 포기하게 될 것이다. 그러면 실제로 줄어든 고용과 투자와 소비와 취업 때문에 자연스럽게 경기 상황은 나빠지게 될 것이다. 부정적인 미래에 대한 단순한 믿음이 실제로 부정적인 미래를 만들어 낸 것이다. 이 역시 피그말리온 효과이다.

 앞서 두 사례에서 살펴보았듯 피그말리온 효과는 긍정적, 부정적인 두 가지 방향으로 모두 일어날 수 있다. 따라서 우리가 늘 배우고 깨달은 것처럼 긍정적이고 밝은 생각이 중요한 것이다.

인정과 칭찬은 가장 쉬우면서도 효과적인 보상이다.

 긍정적이고 밝은 생각이 실제 긍정적이고 밝은 현실을 만든 것처럼, 긍정적이고 밝은 말은 긍정적이고 밝은 행동을 만든다. 능력이 뒤처지는 직원을 북돋워 주고 칭찬해 주는 것만으로도 그 직원은 의욕과 자신감을 얻어 더 열심히 일하고 더 의욕적으로 노력하여 실제로 성과와 능력이 오르게 된다. 이 역시 직원에 대한 믿음이 실제로 더 나은 직원을 만들어 낸 일종의 피그말리온 효과이다.

다시 경제학의 세계로 돌아와 보자. 현재 휘발유 가격이 비싼 상황에서, 모든 운전자가 다음 주쯤 휘발유 가격이 저렴해질 것으로 예상한다고 하자. 모두가 이번 주에 주유하기로 했던 계획을 다음 주로 미룰 것이다. 그러면 결국 이번 주에는 아무도 주유를 하지 않게 되고, 휘발유 시장에는 휘발유가 남아돌게 될 것이다. 그러면 휘발유의 가격은 실제로 하락하게 된다. 휘발유의 가격이 낮아질 것이라는 믿음이 실제로 휘발유의 가격을 하락시키는 피그말리온 효과이다.

달러의 가격을 우리는 환율이라고 부른다.

이제 휘발유가 아닌 다른 무언가의 가격을 예로 들어보자. 달러의 가격은 어떨까? 달러의 가격을 우리는 '환율'이라고 부른다. 사과가 많아지면 사과 가격이 내려가고, 사과가 부족해지면 사과 가격이 비싸진다. 휘발유가 많아지면 휘발유 가격이 내려가고, 휘발유가 부족해지면 휘발유 가격이 비싸진다. 달러 또한 마찬가지이므로, 우리나라에 달러가 많아지면 달러 가격이 내려가고, 달러가 부족해지면 달러 가격이 상승한다. 달러 가격은 환율이라고 했다. 즉 다시 풀어쓰면 우리나라에 달러가 많아지면 환율이 내려가고, 달러가 부족해지면 환율이 상승한다.

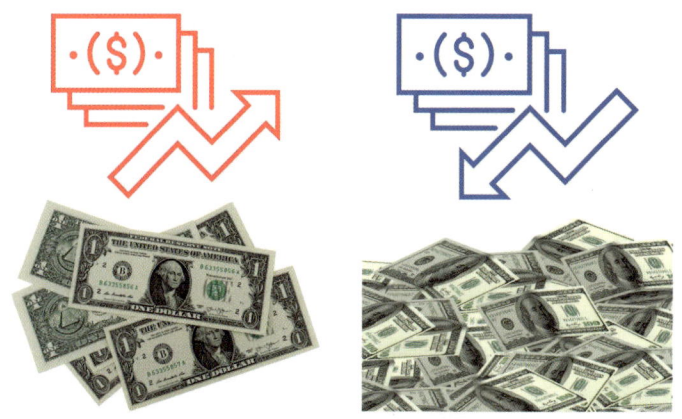

달러가 부족하면 달러 가격(환율)이 오르고,
달러가 많아지면 달러 가격(환율)이 내린다.

 앞서 소개했던 휘발유의 사례를 그대로 달러로 바꿔보자. 현재 달러 가격이 높은 상황에서 모든 달러 보유자들이 다음 주쯤 달러 가격이 하락할 것으로 예상한다고 하자. 모두가 다음 주에 달러를 팔기로 한 계획을 이번 주로 앞당길 것이다. 그러면 결국 이번 주에 모든 달러 보유자가 달러를 팔게 되고, 달러 시장에는 매물로 나온 달러가 남아돌게 될 것이다. 그러면 달러의 가격은 실제로 하락하게 된다. 달러의 가격이 낮아질 것이라는 믿음이 실제로 달러의 가격을 하락시키는 피그말리온 효과이다.

즉, 환율 하락에 대한 믿음만 있어도 환율은 내려간다. 중요한 것은 바로 믿음이다. 그렇다면 환율 하락에 대한 '믿음'은 누가 만들까? 바로 환율에 대한 정책을 시행하는 한국은행장이다. 한국은행장은 실제로 달러를 사거나 팔아서 달러 시장에 매물로 나와 있는 달러의 수량을 직접 조절할 필요가 없다. 그저 환율이 내려갈 것이라는 믿음만 형성하면 충분하다. 즉, 국가 경제를 움직이는 것은 액션(Action)이 아닌 신뢰(Trust)인 것이다.

그래서 예컨대 갑자기 달러 구매가 폭등해서 달러 시장에 매물로 나온 달러가 급감하여 달러 가격(환율)이 급속히 상승했다고 하자. 중앙은행장은 그저 이야기만 할 뿐이다. "금융당국은 외환시장에 개입을 검토하고 있다." 이 말의 의미를 다시 풀어서 설명하면, "한국은행이 직접 한국은행 금고에 있는 달러를 시장에 내다 팔아서 달러 시장에 매물로 나온 달러의 양을 늘려 달러의 가격(환율)을 낮출 것을 검토하고 있다."라는 뜻이다. 한국은행장은 양치기 소년이 아니므로, 국민은 대체로 한국은행의 정책적 발언을 신뢰한다. 그렇게 국민에게 달러 가격(환율)이 하락할 것이라는 '믿음'만 형성되면, 한국은행장의 역할은 그것으로 다 끝났다. 가만히 놔두어도 환율은 알아서 내려갈 것이기 때문이다.

INSIGHT 12

선생님 눈에 잘 띄기 위해
경쟁하는 아이들

가짜 뉴스와 사이버 렉카가
범람하는 이유

이미 잘 알고 있다시피, 모든 경제활동은 희소한 자원을 두고 벌이는 경쟁이다. 그 경쟁의 대상이 되는 자원에는 여러 종류가 있는데, 우리가 눈으로 보고 손으로 만질 수 있는 일반적인 물건들도 있고, 인기 아이돌의 콘서트나 뮤지컬, 스포츠 경기 관람 티켓도 여기에 포함된다. 그렇다면 인간의 정신적 측면도 과연 경쟁이 될 수 있을까? 이와 관련해서는 다양한 논란과 예시들이 있을 수 있지만, 현대 행동경제학에서는 인간의 주의력(Attention)에 대해서는 긍정의 답을 제공한다. 아, 행동경제학이란 '행동하는 경제학'이 아니라 사람들의 행동의 원인과 패턴을 분석하는 경제학의 분야를 의미한다.

**만약 사람의 팔이 네 개라면
동시에 여러 일을 하기가 더 쉬워질까?**

인간의 주의력은 한정되어 있다. 우리는 동시에 여러 곳에 주의를 쏟기 어렵고, 여러 작업을 동시에 집중해서 수행하기도 힘들며, 동시에 여러 권의 책을 읽어 내려가는 것은 거의 불가능에 가깝다. 이것의 바로 **주의력 경제(Attention Economy)**에서 말하는 '주의력'의 희소성이다. 그리고 이 경제학 이론에서는 이렇게 희소한 인간의 주의력을 두고 경쟁을 벌이게 되는 것이다.

고등학생이나 성인들과 달리 초등학생들은 서로 선생님 눈에 먼저 띄기 위해 너도나도 손을 들고 경쟁을 한다.

이해를 돕기 위해 시간을 거슬러 어린 시절 초등학교 교실로 돌아가 보자. 선생님은 한 교실에 한 명밖에 없고, 선생님이 한순간에 사용할 수 있는 '주의력'도 한정되어 있다. 예컨대 선생님이 발표를 먼저 한 아이에게

점수를 주기로 하였다고 하자. 아주 어린 아이들은 서로 먼저 발표하고자 선생님 눈에 띄기 위해 경쟁적으로 손을 들어 '저요! 저요!'를 외친다. 놀랍지 않은가? 고등학생들이나 성인들은 서로 눈에 띄지 않기 위해 경쟁을 하는데 말이다.

그런데 사실 잘 생각해 보면 선생님의 입장에서도 아이들의 주의력을 잘 이끌어 내는 것이 중요하다. 그래서 선생님은 무언가 중요한 공지를 하려고 할 때, 어수선하게 떠들고 있는 아이들의 주의력을 한 곳에 모으기 위해 "박수 세 번 시작!"을 외침으로써 아이들이 "짝짝짝"이라는 세 번의 박수를 치게 하여 선생님의 말씀에 집중하도록 만든다. 이처럼 주의력을 잘 통제하는 것은 어릴 때부터 중요한 것이다.

다시 시간을 거슬러 현재로 돌아오자. 오늘날 일상 곳곳에는 셀 수 없이 많은 정보와 컨텐츠가 범람하고 있다. 모두가 스마트폰을 든 채로 하루를 보내며, SNS와 유튜브를 통해 정보를 얻고, 트렌드와 문화를 선도하는 중심에도 SNS와 플랫폼이 있다.

그러면 이제 감정이입의 대상을 잠시 스마트폰 사용자가 아닌 컨텐츠 제작자로 바꾸어 보자. 컨텐츠를 만들어서 배포하는 크리에이터들도 세상에 무수히 많은 정보와 컨텐츠가 쏟아지고 있다는 사실을 잘 알고 있고, 그들이 모두 자신의 경쟁자라는 것을 잘 인식하고 있다. 그리고 크리에이터 입장에서는 많은 시청자들과 구독자들을 끌여들여 본인 컨텐츠의 조회수를 높이는 것이 가장 중요한 과제이다. 따라서 그들은 경쟁자들을 이겨야만 한다.

그런데 앞서 인간의 주의력은 한정되어 있다고 했다. 수많은 사람들이 스마트폰을 들고 하루의 대부분을 보내지만, 그들의 주의력은 한정되어 있기 때문에 똑같은 시간에 그들이 소비할 수 있는 컨텐츠의 수량도 제한되어 있다. 즉 크리에이터들이 치르는 경쟁의 의미는, 사용자들의 한정된 주의력을 자신의 컨텐츠를 소비하는 데 사용할 수 있도록 그 한정된 주의력을 두고 경쟁을 벌여야 한다는 뜻이다.

이제 그들의 선택은 자명해졌다. 사람들의 시각과 관심을 가장 빠르고 크게 끌 수 있는 자극적이고 선전적인 썸네일과 컨텐츠를 생산하면 된다. 경쟁자들의 컨텐츠로 관심을 두지 못하도록 더 자극적이고 더 선전적이여만 구독자들을 끌어올 수 있기 때문이다. 그로 인해 선동적인 가짜 뉴스가 양산되고, 유명인들을 소재로 한 자극적인 컨텐츠를 양산하는 소위 '사이버 렉카'들도 많아지게 되었다. 이것이 한정된 자원인 '주의력'을 두고 벌이는 경쟁, **주의력 경제(Attention Economy)**에서 비롯된 것이다.

유튜브 크리에이터들은 사람들의 주의력을 더 많이 끌기 위해 더 효과적인 썸네일을 만드는 경쟁을 한다.

오늘날 많은 사람들은 5분 남짓의 유튜브 영상도 시청하기 힘들어 한다. 10초 남짓의 쇼츠 영상이 트렌드로 자리 잡고 있고 SNS에서도 글이 아닌 짧은 영상과 이미지가 글을 대체하고 있다. 리뷰의 내용보다도 단순히 별점과 리뷰 수가 리뷰를 보는 기준이 되어가고 있고, 플랫폼에서 나의 컨텐츠 선택권은 내 의지보다 플랫폼의 알고리즘에 의해 더 결정되고 있는 듯하다.

라이크, 구독자, 팔로워 수는
이제 그 자체로 경제적 가치를 지니는 시대가 되었다.

또한 **주의력 경제(Attention Economy)** 하에서 라이크 수, 조회 수, 구독자 수, 팔로워 수, 댓글 수는 더 이상 온라인상의 소통 수단에 불과한 것이 아닌 경제적 가치를 지닌 지표로 발돋움했다. 이러한 요소들은 크리에이터들의 가치와 수익을 결정짓는 척도가 되었으며, 그래서 수많은 유튜버들은 좋아요, 댓글, 구독, 알람을 하나라도 더 받기 위해 치열한 경쟁을 펼친다. 심지어 이미 많은 구독자와 팔로워 수를 확보한 크리에이터 계정 또는 SNS 계정이 거액에 거래되기도 하며, SNS 팔로워 수와 라이크 수를 늘려주는 업체도 점점 늘어나고 있다. 모두 **주의력 경제(Attention Economy)**의 반영이다.

국회의원들도 사이버 렉카 규제 방안에 대한 토론과 논의를 지속하고 있다. (출처: 수도일보, 2024.07.22.)

그런데 우리는 일반적으로 무언가 한정된 자원을 두고 벌이는 경쟁이 과도하게 치열해질 때, 해결책을 찾아 나선다. 그 자원을 더 많이 생산하여 자원의 수량을 늘리거나, 경쟁의 강도를 완화한다. 전기·가스·국방서비스와 같은 공공서비스를 정부가 직접 생산하기도 하며, 법률과 제도를 도입하여 민간의 과도한 경쟁을 규제하기도 한다.

마찬가지 논리가 주의력이라는 자원에도 적용될 수 있을까? 인간의 주의력을 늘리는 것은 가능할까? 혹시나 인구가 폭발적으로 늘어나면 모를까 인구가 감소하고 있는 마당이고 인구가 늘어나더라도 컨텐츠의 생산량보다 빠르게 늘어나긴 어려워 보인다. 컨텐츠의 생산을 직접 규제하는 것이 가능할까? 규제한다면 컨텐츠의 양을? 아니면 컨텐츠의 질을? 이 역시 자유시장경제 하에서는 어려운 일이다. 어쩌면 이제는 인간이 그 스스로의 주의력을 잘 컨트롤하는 능력이 경쟁력인 사회가 되지 않을까.

INSIGHT 13

내가 판 주식은 오르고
내가 산 주식은 떨어지는 이유

중고 마켓 속 내가 사려는
매물이 항상 비싼 이유

우리는 많은 경우에 불확실성을 싫어한다. 우리의 인생 계획도 마찬가지라서, 10년 뒤 내가 무엇을 할지 불확실 하기에 우리는 그 불확실성을 조금이라도 줄이고자 미래 에 대한 준비와 계획을 세운다. 직업과 진로의 불확실성 을 줄이기 위해 수험생활과 취업 준비를 하고, 고용의 불확실성을 줄이기 위해 계약직이 아닌 정규직 채용을 원한다. 경제적 불확실성을 줄이기 위해 저축을 하고 보 험을 가입하며, 정서적 불안정성을 줄이기 위해 연애와 결혼을 추구한다.

**우리는 불확실성을 줄이기 위해
보험을 가입하고, 구직을 하고, 수험생활을 한다.**

그런데 불확실성의 형태는 크게 두 가지로 나타난다. 하나는 더 큰 이득을 얻기 위해 불확실성을 감수하는 것 이고, 하나는 손실을 피하기 위해 불확실성을 감수하는 것이다.

불확실성에는 이득을 얻기 위해 감수하는 불확실성과 손실을 피하기 위해 감수하는 불확실성이 있다.

누군가 당신에게 묻는다. ① 100% 확률로 삼백만 원을 벌거나, ② 80% 확률로 사백만 원을 벌거나 20% 확률로 한 푼도 받지 못하는 선택지가 있다면 당신은 무엇을 택할 것인가? 마음속에 답을 떠올렸는가?

이제 한 번 더 묻는다. ③ 100% 확률로 삼백만 원을 벌금으로 내거나, ④ 80% 확률로 사백만 원을 벌금으로 내거나 20% 확률로 벌금을 면제받는 선택지가 있다면 당신은 무엇을 택할 것인가?

아마 대부분 사람들의 선택은 첫 번째 질문에서는 ①번

을, 두 번째 질문에서는 ④번을 택하였을 것이다. 이 질문은 필자가 만든 질문은 아니고 1979년에 유명한 경제학자가 경제학 학술지에 게재한 실험인데, 그 실험에서도 ①과 ④의 비율이 유의미하게 높았다.

 이것이 무엇을 의미하는가? ②와 ④는 똑같이 불확실성을 감수하는 것이지만, ②는 더 많은 이득을 얻기 위한 것인 반면 ④는 손실을 회피하기 위한 것이다. 만약 사람들이 이득을 얻기 위해 감수해야 하는 불확실성과 손실을 피하기 위해 감수해야 하는 불확실성을 동일하게 생각한다면 다수의 선택은 ②와 ④가 되거나, 아니면 불확실성이 없는 상태를 동일하게 선택하는 ①과 ③이 되어야 할 것이다. 그러나 다수의 선택이 ①과 ④라는 것은, 이득을 얻을 때는 불확실한 더 큰 이득에 베팅하는 것보다 확실한 이득을 보장받는 것을 좋아하지만 손실을 피할 때는 확실한 손실을 보장받기보다 불확실성을 감수하더라도 손실을 줄이고자 하는 성향이 더 큼을 나타내는 것이다.

 이처럼 손실에 대한 인식이 이득에 대한 인식보다 더 강한 현상을 우리는 **손실 회피 효과(Loss Aversion**

Effect)라고 부른다. 위의 사례가 아니더라도 우리는 많은 경우에 손실을 이득보다 두려워한다. 아마 많은 사람들이 복권에 지출하는 비용보다 보험료로 지불하는 비용이 더 높을 것이다. 잘 알다시피 복권은 더 큰 이득을 얻기 위한 불확실성이고, 보험은 더 큰 손실을 피하기 위한 불확실성이다. 대다수 사람들에게 탄탄한 몸을 갖고 싶은 욕심보다 살이 찌는 두려움이 더 큰 것도 같은 이치이다.

**탄탄한 몸을 갖고 싶은 욕심과
살이 찌는 것에 대한 두려움 중 어느 것이 더 큰가?**

당신은 해고나 징계를 받을 확률과 승진이나 성과급을 받을 확률이 동일하다면 어느 확률을 줄이고자 할 것인가? 아마 대부분은 승진이나 성과급을 포기하더라도 해고나 징계를 피하고자 할 것이다. 마찬가지로 포상금을 받을 확률과 벌금을 낼 확률이 동일하다면 대부분은 포상금을 포기하더라도 벌금을 내지 않는 선택을 할 것이다. 이것이 앞서 설명한 손실 회피 효과이다.

**성과급을 받고 싶은 욕심과
징계를 받는 것에 대한 두려움 중 어느 것이 더 큰가?**

우리가 흔히 볼 수 있는 광고 문구에서도, 테이크 아웃을 하면 아메리카노를 10% 더 할인해 주고 개인 텀블러에 포장해 가면 300원 더 할인해 준다는 내용의 광고는 동일한 구매에 대하여 소비자의 특정한 행동에 대하여 확실한 이득을 보장한다는 내용이다. 반면 여행상품 광고에서 상품 패키지에 관광지 1곳을 추가할 때마다 할인율이 높아진다는 내용의 광고는 소비자의 행동과 무관하게 추가 구매량에 따라 추가로 지불해야 하는 비용이 점점 감소함으로써 소비자의 손실이 줄어든다는 것을 광고하는 내용이다. 이 역시 소비자의 손실 회피 효과를 겨

냥한 것이다.

 이러한 손실 회피 효과는 사람들로 하여금 내가 가진 것의 가치를 내가 가지지 못한 것의 가치보다 더 크게 느끼는 **소유 효과(Endowment Effect)**와도 관련된다. 내게 이미 소유권이 확보된 것이라면 내가 짊어질 불확실성은 전혀 없기 때문에 그 가치를 높게 부여한다. 상속받은 유산이나 주식투자를 시작할 때의 초기 투자금에 대해 이후 내가 벌어들인 재산이나 수익금에 비해 더 높은 가치를 부여하는 것도 이러한 소유 효과 때문이다.

 나에게 익숙한 종목만을 투자하려고 하고 생소한 종목에 대하는 투자를 꺼리는 것도 같은 이치이다. 중고 거래를 할 때 내가 가지고 있는 중고품의 가치는 시장에 나온 다른 매물보다 더 나은 가치가 있다고 생각하지만, 내가 사려고 하는 중고품은 마켓에 나와 있는 물건들의 시세가 내가 생각하는 것보다 더욱 비싸다고 느끼는 것도 마찬가지의 원리이다. 이는 부동산 시장의 거래에서도 그대로 적용되어, 이미 집을 소유하고 있는 사람은 내가 가지고 있는 집의 가치를 실제보다 더 높게 여기므로 웬만해서는 집을 매도하기를 꺼려하고 팔더라도 실제보다 더 높은 가격을 부르곤 한다.

중고 거래에서는 판매자는 물건을 더 비싸게 팔고 싶어 하며 구매자는 더 저렴하게 사고 싶어 하므로 협상이 필요하다.

소유 효과는 마케팅 전략에서도 나타난다. 예컨대 어떤 기업이 제공하는 유료 회원 서비스에 대하여 일정 기간 무료 체험 혜택을 준 뒤, 무료 체험 기간이 종료될 때 "체험 종료 시 잃게 될 혜택"을 강조하여 유료 회원 전환을 유도하는 것 또한 소비자의 손실 회피 심리를 자극하는 전략인 동시에, 일단 소비자가 무료 체험을 통해 해당 서비스를 내가 '소유'하고 있다고 느끼는 순간 소비자가 체감하는 서비스의 가치가 올라가게 되어 해지율이 낮아지는 소유 효과를 활용한 것이다.

소유 효과는 불확실성이 없기 때문에 발생하는 것이라고 했다. 이제 다시 불확실성 얘기로 돌아오자. 위에서 불확실성의 종류를 설명할 때 더 큰 이득을 얻기 위해 불확실성을 감수하는 경우가 있다고 했는데, 대표적인 예가 주식이다. 예·적금에 저축하는 대신 주식에 투자하는 사람들은 아마 예·적금에서 확실하게 보장되는 작은 이득보다 주식을 통해 얻을 수 있는 더 큰 이득을 위해 불확실성을 감수하는 것이다.

하지만 주식투자는 이득을 볼 수도 있지만 손실을 입을 수도 있다. 주식이 올라 돈을 벌 확률과 주식이 떨어져 손실을 입을 확률이 같다고 할 때 당신은 어느 확률을 줄이고 싶은가?

많은 사람들이 큰 돈을 벌 가능성을 조금 포기하더라도 큰 손실을 보는 경우를 더 피하고자 할 것이다. 그렇기 때문에 주식이 오를 때는 많은 사람들이 큰 돈을 벌 가능성을 조금 포기하더라도 금방 주식을 팔아 치워 버리지만, 주식이 떨어질 때는 큰 손실을 입을 가능성을 피하기 위해 주식을 오래 보유하게 되기 때문이다. 따라서 내가 판 주식은 계속 오르는 반면, 내가 산 주식은 계속 떨어지게 되는 안타까운 현상이 매번 반복되는 것이다.

이것이 앞서 설명한 손실 회피 효과이다. 즉 주식으로

돈을 벌기 위해서는 주식이 오를 땐 오래 보유하고 주식이 떨어질 땐 금방 팔아야 하지만, 손실 회피 효과로 인해 많은 사람들이 정반대로 행동해 버리는 것이다.

손실 회피 효과로 인해 사람들은 주식이 오를 때는 금방 팔아 버리지만 주식이 떨어질 때는 오래 보유한다.

많은 경우에 우리는 큰 성공을 조금 포기하더라도 실패를 두려워한다. 그렇기 때문에 역사적으로 실패를 두려워하지 말라는 명제는 시대를 관통하는 명언이 되었고, 불가능에 도전하는 누군가를 우리는 '계란으로 바위 치기'라고 평가해 왔다.

그러나 누군가는 불가능에 도전해서 그것을 현실로 이루어 냈고, 그들을 우리는 선구자라고 부른다. 앞에서도 비슷한 이야기를 했듯이 누군가는 가능성을 실패로 만들고 실패는 또 다른 누군가의 단념이 되지만, 또 다른 누군가는 불가능을 최초로 만들고 최초는 또 다른 누군가의 선례가 된다. 어쩌면 우리의 몸집이 커져 감에도 오히려 용기와 패기가 줄어드는 가장 큰 이유는 우리 내면의 두려움일지 모른다.

INSIGHT 14

미래의 나에게 베팅하는
합리적인 방법

창업과 부동산 투자의 공통점

흔히 '오늘의 일을 내일로 미루지 말라'고 한다. 오늘의 일을 내일로 미루는 것, 즉 오늘의 내가 아닌 내일의 나를 믿는 것은 일반적으로 게으르고 나태한 것으로 여겨진다. 이 명제는 대개 올바른 명제이지만, 경제학의 세계에서는 미래의 나를 신뢰하는 것이 합리적인 선택이 되는 경우가 꽤 있다. 여기서는 그 경우에 대해 이야기해 보고자 한다.

젖소를 키우는 갑돌이와 갑순이의 목장

젖소를 키우는 목장의 사례를 들어보자. 갑돌이의 목장에서는 젖소를 10마리만 키우고 있다. 그런데 이 젖소들이 짜내는 우유를 팔아서 버는 돈으로는 10마리를 먹일 여물을 사는 것만으로도 빠듯하고 젖소를 더 살 여유는 없다. 그런데 갑순이의 목장은 규모가 커서 젖소를 100마리나 키우고 있어서, 이 농부는 이 젖소들이 짜내는 우유를 팔아서 100마리 젖소를 먹일 여물을 사고도 여웃돈이 남아 계속 젖소의 수를 늘릴 여유가 된다.

갑돌이가 갑순이에게 젖소 20마리를 빌려온 이후의
갑돌이와 갑순이의 목장

 젖소를 10마리 키우고 있는 갑돌이는 젖소를 더 구매하고 싶은데 현실적인 여건이 되지 않는다. 여기서 갑돌이는 갑순이한테서 젖소 20마리를 빌려오는 방안을 생각해 낸다. 갑순이는 젖소가 많아서 젖소 20마리를 빌려주더라도 목장 운영에 별다른 지장이 없지만, 갑돌이는 갑순이에게 빌린 젖소를 포함해 젖소 30마리가 짜내는 우유를 팔게 되니 비로소 젖소를 더 살 수 있는 여유가 생긴다. 그렇게 몇 년이 흘러 갑돌이의 젖소는 50마리가 되었고, 이제 갑순이에게 빌린 20마리를 다시 돌려주더라도 온전히 자신의 힘만으로도 젖소 30마리를 기를 수 있는 여력이 생겼다. 즉 갑돌이는 과거 젖소를 10마리를 키우던 시절, 그 당시의 갑돌이 자신보다 앞으로 젖소를 더 늘릴 미래의 갑돌이에게 베팅을 하였고 이것이 성공한 것이다.

갑돌이가 갑순이에게 빌린 젖소 20마리를 돌려주고 난 뒤의 갑돌이와 갑순이의 목장

이러한 방식의 투자 원리를 우리는 경제학적 용어로 **레버리지 효과(Leverage Effect)**라고 부른다. 레버리지를 우리말로 번역하면 '지렛대'인데, 마치 지렛대를 활용하면 더 큰 무게를 들어 올릴 수 있는 것처럼 위의 사례에서는 갑돌이가 갑순이에게 빌려온 20마리의 젖소가 더 큰 규모의 목장을 만들어 낸 지렛대가 된 것이다. 즉, 20마리의 젖소가 바로 레버리지이다.

지렛대(=레버리지)를 활용하면 작은 힘으로 몇 배의 무게를 들어올릴 수 있다. 작은 가치로 몇 배의 가치를 창출하는 것이다.

레버리지 효과가 의미하는 교훈은 크게 두 가지로 요약된다. 첫째, 혼자 힘만으로 목장을 운영하기보다 젖소 20마리를 빌려서 활용해야 하고, 둘째로 젖소 20마리를 일회성이 아니라 꾸준히 빌려서 지속적인 자산 증식의 수단으로 활용해야 한다는 것이다. 즉, 레버리지는 없는 것보다 있는 게 낫고, 한 번 쓰고 마는 것보다 꾸준히 쓰는 게 낫다.

갑돌이가 갑순이에게 빌린 젖소 20마리가 바로 레버리지이다.

많은 사람들이 퇴직 후 식당을 여는 등 자영업에 종사하게 된다. 이 때 퇴직금이 큰 밑천이 되지만, 퇴직금만으로는 자금이 부족하기 때문에 은행에서 대출을 받아 대출금과 퇴직금을 합쳐 창업을 한다. 미래의 내가 대출금을 갚고도 남을 만큼의 소득을 벌 것이라는 가능성에 베팅을 한 것이라고 볼 수 있으므로 이 또한 레버리지이다.

소위 빚내서 집 사는 것이 부동산 투자에서의 레버리지이다.

요즘 여기저기서 집값이 비싸다는 소식이 들려온다. 하루가 멀다하고 집값이 올라 모두가 내 집 마련이 힘들다고 아우성친다. 그렇기 때문에 알뜰살뜰 저축해서 모은 돈만으로는 집을 살 수 없어 대출을 최대한으로 받아 '영끌 투자'를 한다. 미래의 집값이 내 대출금을 갚고도 남을 만큼 상승할 것이라는, 또는 미래의 내가 대출금을 충분히 갚을 수 있을 것이라는 가능성에 투자하는 것으로 여기서 '영끌'한 대출금도 레버리지이다.

특히 우리나라에서 많은 사람들은 대출을 무서워하고 대출이 없는 가계 운영을 건강하고 바람직한 것으로 생각한다. 하지만 위의 사례에서 보듯 대출이 없으면 우리는 식당을 열 수도 없고 집을 살 수도 없다. 잘 생각해 보라. 대부분의 기업들은 규모가 커질수록 대출을 늘려 나가고 늘어난 대출 이상으로 투자를 하고 수익을 내는 데 집중하고 노력한다. 그들의 목표는 더 많은 대출을 받고 그 이상으로 투자를 하고 수익을 내는 것이다.

기업들은 대출을 받아 투자를 늘려 규모를 키워 나간다.

즉 대출을 잘 갚기 위해 고민을 하는 것이 아니라 어떻게 하면 더 많은 돈을 빌릴 수 있을지 고민하는 것이다.

물론 일부 무차입 경영을 하는 기업들이 있기는 하지만, 대다수의 회사들은 대출 없이는 성장할 수 없다. 이것이 바로 레버리지를 활용해야 하는 이유인 동시에 레버리지의 중요성이다.

꾸준한 레버리지의 활용은 건강한 가계
자금의 운용과 순환에도 큰 도움이 된다.

레버리지의 중요성은 우리네 가정의 가계 운영에서도 동일하게 적용된다. 월 소득이 500만 원 있다고 할 때, 가구 생활비가 월 350만 원으로도 충분하다면, 월 원리금 상환액이 150만 원 정도 될 수준만큼 대출액을 꾸준히 보유하는 것이 더 건강하고 합리적인 가계 자금의 운용이다. 왜냐하면 그 대출금은 다른 부분에서 가계의 자산을 늘리거나 가계의 미래를 준비하기 위한, 즉 미래의 더 풍족한 가계를 만들어 내는 레버리지 효과를 창출할 것이기 때문이다. 이는 레버리지의 지속적인 활용의 긍정적인 측면을 시사한다. 요컨대, 대출이 언제나 꼭 나쁜 것만이 아니며, 건강하고 건전하게 운용하는 대출은 개인에게도, 가계에도, 기업에도 긍정적인 효과와 이득을 가져다준다.

INSIGHT 15

초보 투자자가
늘 수익을 내는 이유

독서와 RPG 게임의 공통점

우리가 인생을 살아가며 깨닫는 수많은 교훈 중 하나는 내 능력이 내가 생각하는 것보다 부족할 때가 많다는 것이며, 나보다 훌륭하고 뛰어난 사람이 훨씬 많다는 것이고 이러한 학습을 통해 우리는 겸손의 미덕을 배우게 된다.

새로운 게임을 시작하게 되었을 때, 튜토리얼과 입문 단계를 거치며 이 정도 게임쯤은 쉽게 정복할 수 있을 것 같다는 '근거 없는 자신감'에 한가득 차올랐던 경험이 있는가? 초기엔 레벨업도 금방 하고 퀘스트와 미션을 클리어하는 것도 쉽고 재미있기 때문에 마치 금방 만렙에 다다를 수 있을 것 같은 자만에 빠지게 된다. 하지만 게임이 조금씩 진행될수록 퀘스트의 난이도도 점점 올라가고 레벨업을 하기 위한 조건도 급격히 어려워진다. 그렇게 처음에 가졌던 자신감은 조금씩 사그라들게 되고 연습에 연습을 거듭하면서 고인 물이 되는 것은 시간문제가 된다.

이는 비단 게임의 문제만이 아니다. 우리가 처음 수학 공부를 할 때도, 첫 단원에 나오는 집합과 명제는 이해도 그럭저럭 되고 문제도 잘 풀리기 때문에 "이거 할 만

한데?"라는 자신감이 조금씩 들게 된다. 하지만 복잡한 함수와 그래프, 방정식과 미적분 등 어려운 개념이 등장하게 되면서 처음에 가졌던 자신감은 조금씩 사그라들게 되고 '수포자'가 되거나 내가 잘하는 다른 과목에 더 많은 시간을 쏟게 되는 것도 같은 이치이다.

진도를 나갈수록 점점 어려워지는 난이도에
처음의 자신감은 사라지고 많은 학생들이 수포자가 되곤 한다.

이처럼 얕고 피상적인 경험에 기초해 섣부른 판단을 내리게 되는 현상을 **더닝-크루거 효과**(Dunning-Kruger Effect)라고 부른다. 1999년에 코넬대학교의 대학원생이던 데이비드 더닝과 교수였던 저스틴 크루거의 실험에 따르면 학부생들을 대상으로 논리적 사고, 문법, 유머감각 등의 능력을 평가한 결과 오히려 하위 25%의 학부생들이 자신들의 능력을 평균보다 높게 평가하는 것으로 나타났다. 즉 더닝-크루거 효과를 알기 쉬운 말로 다시 풀어쓰면 '하룻강아지 범 무서운 줄 모른다'인데, 이는 자신을 실제보다 과대평가하는 경향을 의미한다.

자기객관화와 성찰은 늘 어렵다.

우리는 늘 성찰과 자기반성의 중요성에 대해 배운다. 이를 어렵게 부르는 말로 **메타인지(Metacognition)**라는 말이 있는데, 이는 자신의 능력과 수준을 스스로 객관화하여 판단하고 인식하는 정도를 의미한다. 즉 메타인지가 높을수록 자신의 수준과 능력을 객관적으로 잘 파악하고 있다는 의미이며, 메타인지가 낮을수록 자신을 과대평가하고 타인을 과소평가하게 된다. 더닝-크루거 효과에 따르면 메타인지가 부족한 사람일수록 자신의 능력 부족과 그로 인해 발생한 문제점을 잘 인식하지 못하고 훈련과 연습을 통해 능력이 향상된 후에야 자신의 문제점을 뒤늦게 깨닫게 된다고 한다.

이러한 더닝-크루거 효과는 비단 공부와 게임에만 국한되는 것이 아니라 투자에서도 동일하다. 우리는 처음 해보는 투자에서 수익을 내는 경우가 많은데, 이를 우리는 **초심자의 행운(Beginner's Luck)**이라고 부른다. 이는 여러 가지 원인에 의해 발생하는데 우선 투자 초기에는 투자 규모가 작기 때문에 당장의 손해에 연연하지 않고 더욱 과감한 투자를 하는 경향이 있기 때문이다. 이는 이러한 초심자들로 하여금 초창기에 수익을 가져다주어 그들로 하여금 자신은 다르다는 착각에 빠지게 하고 행운을 실력으로 오인하여 자만심에 빠지게 한다. 하지만 많은 경우에 이러한 초창기의 행운은 지속되지 못하고 이후 손실을 보게 되는데 그에 따라 투자에 대해 더욱 신중하고 겸손한 마인드를 갖게 되고 고인 물이 되는 경우가 많아진다. 이 또한 더닝-크루거 효과이다. 따라서 늘 자기 객관화와 성찰은 중요한 것이다.

 자기 객관화와 성찰을 제대로 하지 못하면, 이는 다른 사람의 결정에도 좋지 않은 영향을 미칠 수 있다. 예컨대 내가 어떤 기업의 인사담당자로서 직원 교육을 위해 좋은 강사를 섭외해야 하는 입장이라고 가정해 보자. 요즘 진입장벽이 낮은 유튜브와 1인 창작 플랫폼 등에 수많은 직장인들과 프리랜서들이 파이프라인을 구축하기 위해 활동하고 있다. 스스로 강의를 촬영하여 플랫폼에 업로드하기고 하고, 그만큼 전문 강사들로 활동하는 사람들의 수와 범위도 넓어지고 있다. 이는 시장의 다양성과 접근성을 높인다는 면에서는 긍정적이지만, 이러한 선택지의 다양성은 한편으로는 적합한 강사를 섭외하는 입장에서 잘못된 선택을 초래할 위험성을 높인다.

또 많은 경우에 이러한 강사들과 프리랜서들은 더닝-크루거 효과에 의해 자신들을 과대평가하는 경우가 많고, 자신의 경쟁력과 능력을 다소 과장하여 어필하는 경우가 많기 때문에 정확한 선택의 어려움은 더욱 커지게 된다. 기업 내 행사를 위하여 어렵게 섭외한 강사인데 알고 보니 실속 없는 강사여서 행사 만족도가 낮은 경우라든가, 내가 배우고 싶은 분야가 있어 온라인 플랫폼의 수많은 강사 중 심사숙고해서 고르고 골라 결제를 하였는데 기대치에 부합하지 못하는 강의로 돈만 날렸다고 생각하는 경우가 이러한 사례들이다. 사실 생각해 보면 소위 '일타 강사'들에게 사람들이 몰리는 것은 다 이유가 있다.

강의 자료 또한 강사 자신이 열심히 시간과 노력을 투자하여 만든 강의 자료인만큼 그 자신의 관점에서는 그 가치와 효용을 과대평가하는 경우가 많지만 제3자의 시각에서는 생각보다 형편없다고 생각하는 경우도 많다. 이 또한 더닝-크루거 효과이다. 사실 일상의 많은 영역에서 내가 들인 시간과 노력과 시장에서의 평가는 아무런 관련이 없으며 내 노력과 시간에 대해 시장에서 보상해 줄 의무도 당위도 없다. 자기 객관화와 성찰은 그만큼 중요한 것이며, 타인을 통해 자신을 돌아보는 타산지석의 자세도 중요하다.

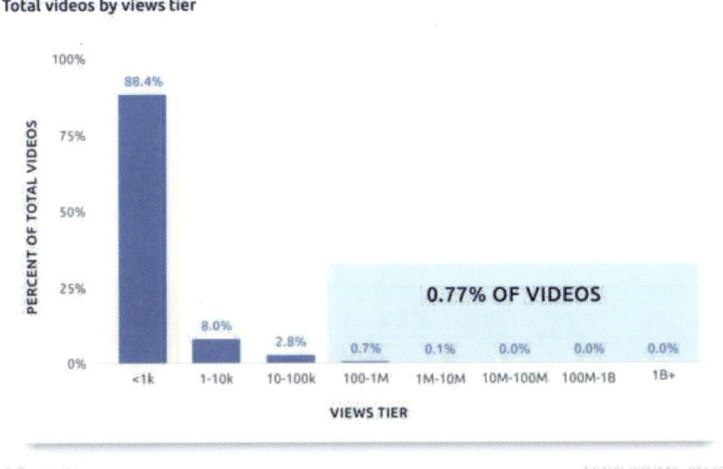

유튜브에 업로드된 전체 영상 중 10만 회 이상의 조회수를 달성한 영상은 0.77%에 불과하다.
(출처: PEX, 'The State of YouTube 2019', 2020.08.04.)

또한 이는 개인의 이직이나 진로 선택에도 부정적인 영향을 미치는 경우가 있다. 요즘 플랫폼의 보편화와 낮은 진입장벽으로 인해 부업으로 유튜브 채널을 운영하거나, 직장을 그만두고 전업 크리에이터로의 전향을 결정하는 사람들이 많다. 그러나 통계를 보았을 땐 전체 유튜브 영상 중 0.77%의 영상만이 10만 회 이상의 조회를 달성하는 데 그친다. 그런데 이 극소수의 영상이 유튜브 전체 조회수의 약 83%를 차지하고 있다. 즉 극소수의 영상이 유튜브 시장을 독점하고 있는 것이다.

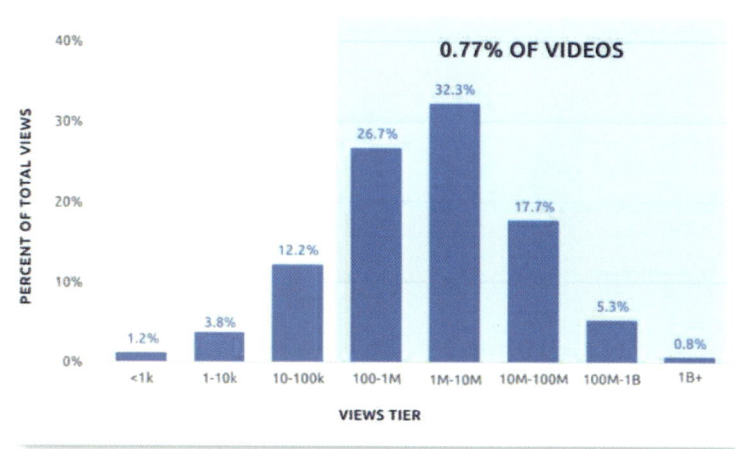

유튜브에 업로드된 전체 영상 중 10만 회 이상의 조회수를 갖는 0.77%의 영상이 유튜브 전체 조회수의 약 83%을 독점한다.
(출처: PEX, 'The State of YouTube 2019', 2020.08.04.)

이는 즉 시장에 갓 진입한 대다수 크리에이터들이 자신감에 가득차 채널을 열심히 운영하지만, 그 시간과 노력에 대한 대가를 시장으로부터 보상받는 경우는 매우 드물다는 것이다. 즉 내가 들인 노력과 시간에 비해 시장의 평가는 냉혹한 경우가 많다. 그렇게 많은 초보 크리에이터들이 처음의 자신감을 잃고 채널 운영을 그만두게 된다. 역시 이 또한 더닝-크루거 효과의 일종이다. 따라서 이직과 진로 결정은 늘 신중해야 한다.

한편 더닝-크루거 효과는 소위 '소년등과'와 같은 빠른 출세가 오히려 그 사람의 인생에 불행을 가져다주는 현상을 설명하는 근거가 되기도 한다. 평범한 삶을 사는 사람들도 어릴 때에는 자신감에 넘치다가 나이를 들고 세상의 풍파를 겪어가면서 그 자신감이 사그라드는 경우가 많다. 하물며 남들이 갓 세상에 첫발을 디딜 어린 나이에 너무 큰 성공을 거두는 경우, 이는 그 사람의 자만심과 스스로에 대한 과대평가를 강하게 형성시킴으로써 이후 작은 실수나 실패에도 자신의 문제점을 인식하거나 그 실패를 받아들이지 못하고 더 큰 실패로 빠져 들어가는 비극을 초래하기도 한다. 이는 너무 어린 나이에 큰 명예와 부를 얻은 천재나 유명인이 비극적인 중년과 말

년을 맞이하는 여러 사례들을 통해서도 알 수 있다.

 우리는 그래서 늘 어렵고 두꺼운 책을 처음 구매할 때는 "이번에는 꼭 이 책을 다 읽고야 말겠다"라는 자신감에 가득 차 있지만, 페이지를 넘길수록 어느새 지루함과 두통이 그 자신감을 삼켜 버리는 경험을 늘 반복하곤 한다. 이 역시 대부분의 사람들이 겪는 더닝-크루거 효과에 따른 것이니, 자신을 너무 자책하지는 말자.

INSIGHT 16

모르는 문제는
한 번호로 찍는 것이
더 유리한 이유

모든 중독에
절대로 빠지지 않는 법칙

누구나 그 종류를 불문하고 객관식 시험을 치러 본 경험이 있을 것이다. 성인이라면 고등학교 시절의 수능 모의고사로, 학생이라면 이전에 치렀던 기말고사로 돌아가 보자. 내가 가장 싫어하는 과목의 시험을 치고 있는 와중에 여러 문제를 풀지 못했는데 시간이 부족해서 남은 문제들을 찍어야 하는 상황이다. 한 번호로 찍겠는가? 아니면 본인의 운과 찍기 실력을 믿고 여러 번호를 섞어서 찍겠는가? 여기서 많은 사람들이 객관적인 확률을 믿고 한 번호로 찍기보다 자신의 운을 믿고, 자신이 그 문제들을 통제할 수 있다고 믿고 여러 번호들을 섞어 찍는다. 하지만 여러분들도 잘 알고 있듯 결과를 확인해 보면 확률적으로 여러 번호를 섞어서 찍었을 때의 확률은 한 번호로 찍었을 때의 확률보다 명확하게 더욱 낮다.

우리가 번호를 잘 찍어야 하는 경우는 비단 시험뿐만이 아니다. 복권을 구매할 때에 우리는 심지어 하나가 아닌 여러 번호를 동시에 맞혀야 하는데, 연구 결과에 따르면 이때에도 많은 사람들이 기계가 자동으로 찍어 준 번호보다 내가 심사숙고해서 찍은 번호를 더 가치 있게 여기고 그 당첨 확률도 더 높다고 여긴다. 물론, 실제 당첨 확률은 전혀 나르지 않다.

시험 문제도, 로또 번호도 신중하게 잘 찍어야 한다.

우리는 이처럼 때때로 자신의 통제 능력에 대해 실제보다 과신하곤 한다. 앞서 사람들이 자신에게 갖는 과대평가의 경향에 대해 이야기했는데, 그런데 이러한 과대평가는 자신이 가진 능력과 역량에만 국한되지 않는다. 많은 경우에 성공한 사람들의 성공 비결 중 하나는 자기 절제 능력과 통제력이라고 하는데, 대다수 사람들이 자신의 자기 절제 능력과 통제력에 대해서도 과대평가하는 경우가 많다. 즉 실제로 내가 통제할 수 없는 영역에 대하여 통제할 수 있다고 믿는 착각을 하는 경우를 의미하는데, 이를 **통제력 환상(Illusion of Control)**이라고 부른다.

통제력 환상은 시험을 칠 때나 복권을 살 때만 일어나지는 않는다. 최근 창업 열풍이라고 할 만큼 창업을 하는 사람들이 늘어나고 있는데, 창업을 하는 많은 사람들이 장밋빛 미래만을 보고 창업을 한다. 물론 많은 사람들이 창업을 할 때 수많은 사례들을 살펴보고 나름대로 철저한 공부와 준비를 하고 창업을 하지만, 외부의 불확실한 변수나 위험 요소들도 대부분 스스로 통제할 수 있거나 통제 가능한 범위 안에 있다고 착각한 채로 창업을 하는 경우도 있는데 이는 안타깝게도 현재 통계로 나타나는 높은 폐업률이라는 결과로 귀결된다.

카지노에는 통제력 환상에 빠져 있는 사람들이 많다.

이쯤 되면 다들 예상했을지 모르지만, 통제력 환상이 가장 많이 일어나는 장소는 카지노이다. 도박이 강한 중독성을 가지고 있고 도박 중독은 치명적이며 위험하고 빠져나오기 어렵다는 사실을 모르는 사람은 별로 없다.

하지만 많은 경우에 카지노를 처음 접하는 사람들은 "나는 똑똑하고 현명한 사람이니까 스스로 잘 절제해서 도박에 중독되지 않을 수 있어"라는 통제력 환상에 빠지곤 한다. 하지만 많은 사람들이 잘 알고 있다시피 이러한 경우 대부분의 결말은 도박 중독이라는 비극이다. 그래서 사회 고위층이나 명문대 출신, 고소득 직종에서도 도박 중독자가 많이 존재하는 것이다.

중독의 문제를 차치하고서라도, 도박장의 많은 사람들은 어떤 상대와 도박을 할 때 그 게임이 철저히 확률에 의해 결정 나는 게임이더라도 상대의 외형이 좀 바보 같아 보이거나 하는 행동이 어리숙해 보이면 베팅 금액을 더 높이곤 한다. 이 사례를 쉽게 바꾸어 보면 어리숙하고 바보 같아 보이는 친구와 가위바위보를 할 때나 스마트하고 똑부러지는 친구와 가위바위보를 할 때 이기고 질 확률은 모두 동일한데도 앞의 경우에 내가 이길 확률이 더 높다고 착각하는 것이다.

그리고 진짜 고수들은, 이러한 심리를 역이용해서 일부로 어리숙하게 행동하면서 상대의 도박적인 심리를 자극하기도 한다. 사실 도박장이 아니더라도, 친근하고 편안해 보이는 외형은 때때로 가장 강력한 무기가 된다. 사람들은 자신이 보다 우월하고 자신이 쉽게 다룰 수 있는 만만해 보이는 사람일수록 그 사람에게 거리낌 없이 자신의 진짜 본성을 드러내기 때문이다.

아무튼 다시 통제력 이야기로 돌아오자. 통제력 환상이 앞서 소개했던 사례에서처럼 꼭 부정적인 방향으로만 적용되는 것은 아니다. 통제력 환상은 때로는 긍정적인 방향으로도 작용하는데, 예컨대 우리에게 친숙한 사례인 **플라시보 효과(Placebo Effect)**도 사실은 통제력 환상의 일종이다. 플라시보 효과란 가짜 약을 처방해 주었더라도 환자들이 그 약을 진짜 약이라고 믿는 경우 실제 질병이 호전되는 데 긍정적인 영향을 미치는 것을 의미하는데, 이는 가짜 약을 복용한 환자들이 진짜 약을 복용하였다고 믿음으로써 내 질병이 내 신체가 통제할 수 있는 범위 내에 들어왔다고 생각하는 데서 비롯한 것이다. 즉 통제력에 대한 믿음이 질병의 호전을 부른 것이다.

사실 우리가 어떤 스포츠 팀을 응원하거나 월드컵 단체 응원을 하는 것도 우리의 응원이 어떻게든 경기 결과에 긍정적 영향을 미칠 수 있다는 통제력 환상에서 비롯된 것이다. 또한 주사위 게임을 하거나 윷놀이를 할 때 결정적인 순간에 주사위나 윷을 세게, 높이 던지는 것도 알고 보면 내가 어떻게 던지는지가 그 결과에 영향을 미칠 것이라고 생각하는 통제력 환상의 일종이다. 이처럼 통제력 환상의 사례는 우리 일상의 밀접한 곳에서도 나타난다.

그래도 우리는 가족과 친구와 함께 스포츠 경기를 보면서 즐거움과 행복을 얻는다.

한편 통제력 환상은 사업가나 CEO에게는 또 다른 방향으로 나타나는데, 이들은 성공의 경험을 여러 차례 겪어보았고 또한 복잡하고 다양한 여러 변수 속에서 자신감 있게 의사결정을 해 온 사람들이기 때문에 많은 외부 변수와 복잡한 상황 요건들을 자신이 통제할 수 있다고 믿는 경우가 많다. 또한 자신을 따르는 직원들이 줄지어 있을수록 이러한 통제력 환상이 더 강한 경향이 있는데, 이러한 통제력 환상이 과감한 의사결정과 자신감 있는 경영에 미치는 점은 긍정적이지만, 과도한 자만이 되어 합리적 의사결정을 흐릿하게 하거나 부담감을 이기지 못하고 무리한 의사결정을 하는 경우 사업에 독이 되기도 한다. 어쩌면 자신의 통제력에 대한 믿음을 잘 통제하는 것도 중요한 통제 능력일지 모른다.

중독에 가장 강한 사람은 애초부터 손을 대지 않는 사람이다.

정리해 보면 이제까지 소개했던 사례들에서 얻을 수 있는 교훈은 나 자신의 능력에 대한 과신은 위험할 수 있으며 겸손의 미덕이 중요하다는 것이다. 자신의 통제력의 한계를 인정하고 자신의 권한으로 통제할 수 없는 영역에는 함부로 손을 대지 않는 것이 가장 현명한 결정이다. 따라서, 도박을 비롯해 게임, 흡연, 코인, 마약 등 모든 중독에 가장 강한 사람은 그러한 것들로부터 자신을 가장 잘 통제할 수 있는 사람이 아니라 그러한 것들에 아예 손을 대지 않는 사람이다.

INSIGHT 17

비트코인 채굴자와 유치원생이
보상을 얻는 방식

디지털 폐지 줍기와
피부과 치료의 공통점

최근 만보기와 연동하여 리워드를 주거나, 일정한 앱을 설치하거나 특정한 SNS를 구독하면 캐시나 포인트를 지급하여 이를 차곡차곡 모아 현금 또는 기프티콘으로 교환할 수 있는 소위 '앱테크', 디지털 폐지 줍기 열풍이 곳곳에 불고 있다. 오늘날 '포인트'나 '마일리지'류의 시스템이 도입되어 있는 모든 플랫폼에는 분야를 불문하고 이러한 앱테크 기능이 적용되어 있다고 해도 과언이 아닙니다. 업계 등장 초기 지속성과 확장성에 큰 의문을 불러일으켰던 이러한 '디지털 폐지 줍기'가 이렇게 번창하게 된 이유는 무엇일까?

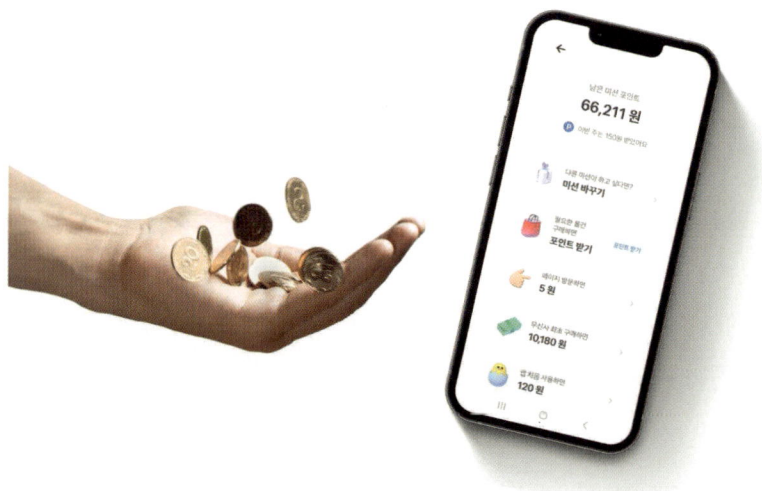

디지털 폐지 줍기 열풍이 불고 있다.(출처: 토스앱, 일러스트 편집)

이를 파악하기 위해 어릴 적 유치원으로 돌아가 보자.

유치원 선생님은 아이들에게 스티커북이나 도장북을 주고 아이가 칭찬받을 만한 행동을 하거나 착한 행동을 했을 때 그에 대한 상으로 스티커나 도장을 하나씩 채워 준다. 그리고 스티커북이나 도장북을 모두 채운 아이에게는 특별한 선물을 준다.

선생님께 받는 칭찬 도장을 가득 선물을 주는 도장북

마치 몇 원, 몇 십 원의 포인트를 차곡차곡 모아 커피 기프티콘을 얻어내는 디지털 폐지 줍기와 유사하지 않은가? 사실 우리는 미처 인지하지 못하는 사이 오래전부터 이러한 보상 패턴에 익숙해져 있었다. 특정한 행동을 할 때마다 즉각적인 작은 보상을 일부 받을 수 있지만 온전히 가치 있는 큰 보상을 완성하는 위해서는 그 작은 보상을 오랫동안 차곡차곡 쌓아야 하는 보상 시스템 말이다. 사실 하나의 보상 시스템 안에 고객을 오래 묶어두기 위해서는 일회성으로 큰 보상을 지급하는 전략보다 이러한 방식의 전략이 더욱 효과적이다.

구매할 때마다 1~2%의 포인트를 적립해 주면서 '5,000포인트 이상 사용 가능'하다는 식으로 포인트 사용의 하한선을 정해놓는 쇼핑몰의 마케팅 전략이나, 일정 금액 이상의 마일리지를 적립하면 좌석 업그레이드나 항공권 혜택을 주는 항공사의 마케팅 전략이 모두 위의 유치원과 디지털 폐지 줍기의 사례와 같이 고객이 타 경쟁사로 이탈하지 못하도록 방지하고 신규 고객을 자사의 단골 고객으로 유치하기 위한 고도의 전략적 수단이다.

이런 보상 시스템 하에서는 완전한 보상을 얻기 위해서는 '티끌 모아 태산'과 같은 형태의 오랜 시간과 노력이 필요하다. 이는 비단 마일리지나 포인트와 같은 방식이 아니더라도 살짝 맛만 보게 하여 구매를 유도하는 무료 시식권이나, 일정한 누적 구매 금액을 달성하면 VIP 등급이나 쿠폰 혜택을 부여하는 백화점이나 의류 브랜드 등의 정책도 마찬가지이다.

```
적립금/포인트

  적립금 (562원)                                              0원
  CJ ONE (970P)
  1,000p 이상 사용가능

  CJ 기프트카드  조회>  충전>  등록>                          0원

결제수단 ?                                          즉시할인/무이자혜택안내 >

공지 : 11/8~30 네이버페이 3만원이상결제시 1천원적립(기간내 총3회3천원)

네이버페이 N Pay
```

CJ ONSTYLE에서는 CJ ONE 포인트는 1,000원 이상 구매시 사용 가능하며, 네이버페이 1천원 적립 혜택은 3만원 이상 결제 시 받을 수 있다.(출처: CJ ONSTYLE 홈페이지)

이처럼 소비자의 특정한 행동에 따라 즉각적인 일부의 보상을 꾸준히 지급하다가 그 일부의 보상이 일정 조건 이상 모이면 온전한 보상을 지급함으로써 소비자의 특정한 소비 패턴과 행동 변화를 유도하는 경제학을 **토큰 이코노미(Token Economy)**라고 부른다. 이러한 토큰 경제학은 행동치료나 심리치료 등에서도 쓰이는데, 치료의 단계를 정해 단계별로 내담자의 신체적·정서적 변화를 유도하고 그에 따른 보상을 조건부로 지급하면서 치료를 완성해 나가는 방식이 그것이다. 행동치료나 심리치료가 생소한 사례라고 생각된다면 피부과 치료를 생각해 보라. 피부는 한 번의 고액 시술로 극적인 개선을 이룰 수

없고 꾸준한 관리가 누적되어야 효과를 볼 수 있는 장기전이라는 사실은 마치 토큰 이코노미의 매커니즘과 유사하다.

이러한 토큰 이코노미는 최근에는 비트코인으로 대표되는 블록체인 가상자산 생태계를 통해 새로운 경제 질서를 만들어 내고 있다. 블록체인 기반의 생태계에서는 코인의 채굴자들이 '코인'이라는 토큰을 통해 시장을 창조하고 시장의 참여자들에게 그 생태계가 원하는 행동을 유도한다. 그리고 참여자 수와 원하는 행동이 누적될 때마다 그 토큰들이 모여 더 큰 가치가 창출된다. 바로 특정한 행동을 할 때마다 작은 토큰을 얻고 이 토큰이 모여 더욱 큰 보상을 얻어낼 수 있는 토큰 이코노미의 원리이다.

최근 게임업계에서 이슈가 되고 있는 P2E 게임도 토큰 이코노미를 기반으로 한 것이다. 게임을 플레이하는 유저들은 게임을 통해 아이템을 얻고 이 아이템을 토큰의 일환으로서 코인으로 교환할 수 있다. 그리고 이러한 토큰은 가상자산 거래소를 통해 현금화가 가능하다. 그리고 유저들은 이러한 아이템을 서로 교환하거나 거래하며 새로운 생태계를 만들어 나간다. 이 역시 토큰을 통해 유저들로 하여금 일정한 행동을 꾸준히 하도록 유도하고, 그 결과 큰 보상을 지급함으로써 유저들이 스스로 자발적인 생태계를 형성하고 이탈하지 않게 하는 토큰 이코노미의 일종이다.

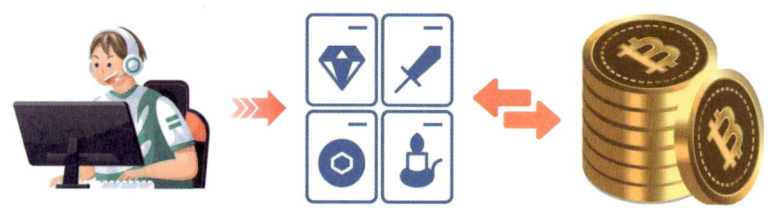

게임을 통해 아이템을 얻고 이를 현금화 가능한
코인으로 교환할 수 있는 P2E 게임의 원리

늘 책을 읽는 와중에 피곤해지거나 졸음이 오는가? 그렇다면 토큰 이코노미의 원리를 차용하여 책을 몇 페이지씩 다 읽을 때마다 유튜브 영상을 하나씩 시청할 수 있는 보상을 나 자신에게 제공해 보시라. 내 매력을 어필하고 싶은 끌리는 이성이 있는가? 토큰 이코노미의 관점에서 보았을 때, 마음에 드는 이성이 있다면 본인의 매력을 한 번에 꺼내 보이지 말고 조금씩 하나하나 오픈하는 것이 매력을 극대화하는 전략일지도 모른다.

독서와 썸을 예시로 들었지만, 이러한 토큰 이코노미의

원리는 사실 자기계발의 측면에서도 시사점을 제공한다. 하나의 원대한 목표를 한 번에 달성하려 하는 것보다, 작은 성취를 하나하나 쌓아 나가는 방식의 성취가 동기부여에 더 큰 도움이 될 수 있다. 즉각적으로 내 눈에 보이는 작은 성취들이 모여 인생을 바꾸는 큰 도전과 성장의 밑거름이 되는 것이다.

도전과 성취의 여정도 단계별로 보상을 쌓아 나가는 토큰 이코노미의 원리와 유사하다.

INSIGHT 18

고객의 마음을 사로잡는
할인과 이벤트의 법칙

비즈니스 협상과
학생 수행평가의 공통점

우리는 어떤 물건을 구매할 때 마음 속에 그 물건의 가격이 어느 정도 될지 대략적인 기준점을 갖고 물건을 사러 간다. 그리고 실제로 그 물건의 가격표를 마주하게 되었을 때 내가 맘속에 상상하던 가격과 비슷하면 그 물건을 구매하지만, 그것보다 너무 비싼 경우 내가 시장 물정을 잘 몰랐다고 생각하거나 비싼 물가에 불만을 가지며 발걸음을 돌리게 된다.

 독자들에게 몇 가지 질문을 해 보겠다. 고급 레스토랑의 한우 오마카세는 어느 정도의 가격이 적절하다고 생각하는가? 그렇다면 한정식 코스요리는 얼마가 적당하다고 느끼는가? 냉면 한 그릇의 정가는 어느 정도 되어야 하겠는가? 배달비는 얼마가 적당한가?

사실 많은 사람들이 양식 코스요리를 5만원이면 싸다고 생각하지만, 한정식 코스요리는 5만원이면 비싸다고 생각한다.

각자 마음속에 답을 떠올렸을 것이다. 이것이 바로 우리 마음속에 존재하는 물가에 대한 기준점이다. 이러한 기준점은 한번 형성되면 쉽게 바뀌지 않는다. 따라서 음식이나 물건을 만들어 파는 상인 입장에서는 그 가격에 대한 대다수 사람들의 첫 기준점이 어떻게 형성되어 있는지가 상당히 중요하다. 기준점에 크게 벗어나는 독자적인 가격 설정은 시장에서 도태되는 결과를 초래하기 때문이다. 반면 이러한 기준점에 비해 큰 폭으로 낮은 대대적인 할인가에 물건이 판매된다면 많은 고객들이 구매하려 할 것이고 가게는 인산인해를 이룰 것이다.

이러한 기준점의 중요성은 비단 물건의 거래에만 국한되지 않는다. 우리는 사람을 대할 때에도 그 사람에 대한 일정한 기준점을 갖게 된다. 만약 처음 만난 어떤 사람이 다리를 절뚝거리고 깁스를 칭칭 감고 있었다면 그 사람에 대한 첫인상은 몸이 아프거나 허약한 사람이라는 인식을 형성하게 되고, 뒤늦게 그 사람이 얼마 전 큰 부상을 당해 수술한 축구 선수라는 사실을 알게 되더라도 그 첫인상이 옅어지기까지는 상당한 시간이 걸린다. 마찬가지로 말이 없고 소심하고 내성적인 것처럼 보이던 어떤 사람이 유독 그날 지독한 독감에 걸려 컨디션이 무척 안 좋았던 유명 강사라는 사실은 그 사람의 첫인상에 대한 판단을 내리는 대부분의 사람들에게는 별로 중요한 사실이 아니었을지 모른다.

첫인상은 그 사람의 평판에 큰 영향을 미친다.

이러한 어떤 사람에 대한 이미지 형성은 연예인들에게는 더 가혹하게 적용된다. 유명 연예인이 꾸준한 선행과 나눔을 통해 예의 바르고 건실한 청년이라는 이미지가 형성되었다면 그 사람이 사소한 잘못을 저지르더라도 "한 번쯤 실수할 수도 있지"라고 생각하며 이해해 주려는 사람들이 많기 마련이다. 반면 시건방지고 버릇없는 연예인이라는 이미지가 형성되었다면 선행과 나눔을 여러 차례 실천해도 사람들은 그 진심을 의심하는 반면 사소한 잘못에도 그의 평판은 크게 추락하게 된다.

한편 사람의 이미지처럼 회사의 브랜드 이미지를 형성하는 데에도 이러한 기준점은 큰 영향을 미친다. 어떤 기업이 사회공헌 활동에 적극적이고 도덕적이고 모범적인 기업이라는 이미지가 한 번 형성되면 이러한 브랜드 이미지는 쉽게 바뀌지 않고 꾸준한 매출로 이어진다. 그래서 기업들은 브랜드 이미지를 높이기 위해 톱스타들을 광고에 출연시키고, 자신들이 만드는 화장품과 의류가 더 고급 성분으로 구성되어 있음을 앞다투어 광고하는 것이다.

이처럼 기준점의 형성은 우리 일상의 곳곳에서 여러 판단과 결정에 많은 영향을 미친다. 이러한 기준점을, 마치 항구에 정박한 배가 닻(Anchor)을 내리고 나면 더 이상 밧줄로 묶인 범위 밖으로는 움직이지 못하게 된다는 의미에서 **앵커링 효과(Anchor Effect)**라고 부른다. 다른 말로는 정박 효과, 닻 내림 효과라고도 한다. 즉 이는 의사결정을 해야 할 때 사고 범위를 제한하는 특정한 기준점을 상대방의 머릿속에 미리 각인시킴으로써 상대의 행동과 결정을 원하는 방향으로 유도하는 행동경제학의 이론이다.

항구에 닻을 내리고 정박한 배는
밧줄이 묶인 범위 밖으로는 움직일 수 없다.

 이는 협상 테이블에서도 중요하게 활용되는데, 협상을 시작할 때 한 번 형성된 프레임은 협상 과정 내내 그 협상을 지배하게 된다. 협상의 기준점을 애초에 높게 잡으면 협상안은 그 기준을 중심으로 움직이게 되고, 애초에 낮게 잡으면 협상안 또한 그와 유사한 범위에서 논의될 것이다.

 예컨대 자동차 사고로 인해 수리비 청구를 위한 협상을 한다고 가정해 보자. 만약 실제 피해자가 처음 부른 수리비가 100만 원이라면 이는 협상의 기준점이 되어 가해자가 요구하려 했던 30만 원 수준의 수리비는 자연스럽게 협상안에서 제외되는 효과를 낳는다.

협상에는 많은 기술이 필요하다.

또한 노동조합과 어느 회사와의 임금 협상에서도 노동조합이 처음 제시한 협상안이 임금 50% 인상과 성과급 500만 원 지급이라면, 회사는 이를 기준으로 조정안을 내야 하는 입장에 처하게 되며 임금 삭감이나 임금 10% 인상 등의 협상안을 테이블에 올리기는 어려워질 것이다. 실제로 시장에서 흥정을 할 때에도 가격으로 7만 원을 받고자 하는 상인이 있다면 손님이 흥정을 걸어올 것을 예상한 상인은 애초에 물건의 가격을 10만 원 정도로 부르곤 한다.

 이와 같은 맥락에서 보험 설계사들은 고객에게 상품 소개를 할 때 처음에는 10만 원짜리 보험 상품을 먼저 보여준 후 이후에 5만 원짜리의 보험 상품을 보여주곤 한다. 5만원 짜리 상품이 상대적으로 더 싸다고 느끼기 때문에 가격 부담이 덜어져서 계약 체결률이 높아지기 때문이다.

 이러한 앵커링 효과는 마케팅 전략에서 폭넓게 활용되는데, 처음 가격을 고가로 책정했다가 이후에 할인율을 크게 적용하면 소비자에게는 할인의 효과가 더 강하게 와닿는다. 또 프리미엄 패키지와 기본 패키지가 동시에 있을 경우 기본 패키지를 먼저 보여준 후 프리미엄 패키지를 소개하면 프리미엄 패키지의 고급 옵션이 더 효과적으로 어필된다. 1+1 행사를 할 때에도 단일 제품의 가격을 실제 가격보다 높게 설정한 후 1+1 패키지의 가격을 더 낮게 설정하여 할인 폭이 큰 것처럼 보이게 하면 소비자는 그 1+1 패키지의 구매를 더 합리적으로 생각하게 된다. 명품 매장에서는 눈에 가장 잘 띄는 매장 한복판에 그 브랜드의 최고가 제품을 전시해 놓는다. 이

후 해당 브랜드의 다른 제품을 본 고객은 그 제품의 가격을 더 합리적으로 느끼게 된다.

 과거 유명했던 버거킹의 '사딸라' 광고가 앵커링 효과를 활용한 마케팅의 대표적인 사례이다. 사람들은 1달러가 대략 천 원 안팎임을 인지하고 있지만 구체적으로 '사딸라'가 얼마인지는 계산하지 않는다. '사딸라'라는 숫자가 뇌리에 강하게 각인된 사람들은 버거 가격이 4천 원에 몇 백 원을 더한 정도일 것으로 예상한다. 따라서 실제로 이 가격이 경쟁사에 비해 다소 비싼 가격이었음에도 사람들은 심리적으로 '사딸라'의 가격을 비싸지 않은 합리적 가격으로 받아들여서 가격에 대한 저항감이 사라지게 되었다.

 대중적으로 익숙한 '만보기' 또한 앵커링 효과의 대표적인 사례인데, 일반적으로 건강을 위한 걷기 운동의 기준이 '1만 보'로 알려져 있지만 사실 이는 과학적인 근거로 만들어진 기준은 아니다. '만보기'의 유래는 일본의 한 회사에서 최초로 개발된 걸음 수 측정기의 제품명이 '만보계'라는 이름으로 판매된 것에서 유래한 것이다. 최근 미국 의사협회에서 발간한 한 내과학회 학술지에서는 건강해지기 위해서는 하루 1만 보의 걸음이 필요하다는 인식이 잘못된 고정관념이라는 사실을 과학적으로 밝힌 바 있다.

 또한 이러한 앵커링 효과로 인한 착시는 주식 투자를 망치는 원인이 되기도 하는데, 실제 주가와 무관하게 대부분의 투자자는 그 주식의 정당한 가격을 내가 처음에 매수한 가격이라고 여긴다. 즉 시장에서 평가되는 가격이 2~3만 원에 불과한 주식이라도 그 주식을 5만 원에 산 투자자는 그 주식 가격의 기준점을 5만 원으로 여기기 때문에 매도 시점을 정확하게 판단하지 못하여 팔아야 할 때에도 계속 보유하고 있는 오류를 범하게 된다.

에베레스트 산의 높이가 얼마쯤 될 것 같은가?

이러한 오류는 서로 무관한 질문이 연달아 주어질 때 더욱 강하게 발생한다. 앵커링 효과를 확인하기 위해 미국의 한 유명 교수는 "에베레스트 산이 600m보다 높은가?"라는 질문을 한 뒤 실제 에베레스트 산의 높이가 얼마쯤 될지 물어보는 경우와, "에베레스트 산이 1만 m보다 높은가?"라는 질문을 한 뒤 실제 에베레스트 산의 높이를 물어보는 실험을 하였다. 그 결과 앞 그룹의 응답자들은 평균적으로 2400m 정도를 에베레스트 산의 높이라고 생각하였지만 뒤의 그룹에서는 평균적으로 1만 3000m 정도를 에베레스트 산의 높이라고 추정하였다. 실제 에베레스트 산의 높이는 8800m이지만, 이와 아무 관련이 없는 첫 번째 질문이 앵커링 효과를 발생시킨 것이다. 이처럼 우리는 정보로부터 많은 도움을 얻지만, 때때로 많은 경우에 불필요한 정보는 오히려 올바른 의사결정을 방해하기도 한다.

한편 앵커링 효과는 선생님이 학생의 성적을 평가할 때에도 나타난다. 새로운 수행평가 과제를 채점할 때 선생님은 평소에 그 학생이 받던 평소의 점수를 기준점으로 여기고 이에 기초하여 그 학생을 평가한다. 따라서 평소 태도나 수행평가에서 꾸준히 성적을 잘 받던 학생들은 앞으로도 좋은 평가를 받을 가능성이 높지만, 그 반대의 학생이라면 오히려 의외의 뛰어난 결과물을 제출했을 경우 도리어 의심을 사는 불상사가 발생할 수도 있는 것이다.

요즘은 소개팅을 할 때에도 상대의 사진을 미리 확인하는 경우가 많은데, 이 때 본 사진이 내 머릿속에 상대방에 대한 기준점으로 자리 잡게 된다. 따라서 실제 소개팅 자리에 나갔을 때 상대의 실물이 사진보다 더 나은 경우 상대방에 대한 호감도는 더 높아지게 된다. 따라서 앞에서도 언급한 것처럼, 내 매력을 어필하고 싶은 상대가 있다면 상대의 기대치를 낮추어 놓고 매력을 차차 드러내는 것이 상대를 유혹하기에 가장 효과적인 전략일 수 있다.

이처럼 우리는 일상의 곳곳에서 '앵커', 즉 기준점을 잘 설정하는 것이 중요하다. 우리는 늘 목표를 세우고 이를 이루기 위해 노력한다. 그 목표는 개인마다 제각각이겠지만, 처음 설정한 목표는 곧 내가 투자할 노력과 앞으로 달성할 성과의 기준점이 된다. 따라서 지나치게 쉽거나 낮은 목표를 잡으면 이는 동기부여를 일으키지 못하고 나태와 안일함에 빠지게 만든다. 반면 달성하기 힘들 만큼 지나치게 높은 목표를 잡으면 이는 무력감과 자괴감에 빠지게 한다. 따라서 실현 가능한 수준의 적당히 높은 목표를 설정하여 최적의 동기부여를 얻는 것이 중요하다.

INSIGHT 19

감정이 투자를 망치는 이유

안전하다고 느끼는 투자가
알고 보면 위험한 이유

안정과 여유는 우리네 삶의 질에 많은 영향을 미친다. 경제적 안정과 여유는 물질적 풍요와 양질의 소비생활을 가능케 하고, 시간적 안정과 여유는 다양한 취미생활과 문화생활을 통한 여가의 향유를 가능케 한다. 그리고 또 다른 하나는 정서적 안정과 여유인데 이는 곧 마음 속 평화와 즐거움, 행복의 추구를 의미한다. 우리가 일상의 곳곳에서 하는 모든 행동들이 사실은 그 목적이 피로와 스트레스를 줄이고 즐거움과 행복을 찾는데 있다고 해도 과언이 아니다. 대한민국 헌법에도 행복추구권이 명시되어 있는 것을 보면, 어쩌면 행복의 추구는 우리 인생의 궁극적 목표일지도 모르겠다. 많은 사람들은 행복해지기 위해서 인생을 산다.

행복의 추구, 즉 정서적 안정과 여유의 추구가 인생의 궁극적 목적이라는 이러한 관점에서 보면 결국 경제적·시간적인 안정과 여유도 정서적인 안정과 여유를 위한 수단에 불과하다. 내가 종사하고 있는 직업도, 내가 벌어들이는 소득도, 내가 이루어 낸 자산도, 그리고 내가 즐기는 취미생활과 문화생활도 그 자체가 목적이 될 수는 없다. 결국엔 모두 행복을 위한 수단에 불과하다.

**좋은 직장과 직업을 갖기를 원하는가? 그 이유는 무엇인가?
그것이 인생의 궁극적 목표인가?**

서두가 길었다. 이렇듯 정서와 감정은 사실 우리의 모든 의사결정을 지배하고 있다. 사실 모든 의사결정은 내 맘에 들고 내 행복과 만족을 높여야 의미가 있다. 내가 맘에 들지 않는 의사결정이라면 아무리 경제적으로 타당하고 합리적이라고 해도 무슨 의미가 있겠는가.

그래서 알게 모르게 사실 감정은 우리의 경제적 의사결정에 상당한 영향을 미친다. 감정이라는 요소는 사실 업무와 투자와 철저히 분리되어야 함에도, 놀랍게도 많은 사람들이 감정에 기반하여 업무를 하고 투자를 한다. 그리고 안타깝게도 많은 경우에 이는 경제적으로 비합리적이거나 부정적인 결과를 낳아 결국 정서적인 불만족을 늘리게 되는 역설을 초래한다.

감정과 경제적 의사결정이 분리되어야 한다는 명제에 혹시 동의하지 못하는 독자들을 위해 사례를 제시해 보고자 한다. 내가 의사라고 가정하자. 20년 지기 친구가 극심한 독감에 걸려 끙끙 앓은 채 늦은 새벽 나를 찾아왔다. 다른 한편에는 철천지원수가 큰 사고를 당해 내 눈앞에서 생사가 오가고 있다. 누구를 먼저 치료해야 하는가? 다른 사례로 내가 경찰이라고 가정하자. 20년 지기 친구가 범죄를 저지른 현장에서 내가 그를 현행범으로 체포했다. 그의 홀어머니는 병상에 누워있다. 어떤 선택을 해야 하는가? 만약 내가 판사라면 20년 지기 친구가 끔찍한 범죄를 저지른 법정에서 어떤 판결을 하겠는가? 피해자의 유족들이 내 눈앞에서 통곡하면서 엄벌을 탄원하고 있다면?

그런데 사실 당위와 의지는 다른 문제다. 우리는 위의 질문에 대해 어떤 선택을 해야 마땅한지에 대한 당위는 사실 대부분 머리로는 이해하고 공감하지만, 실제 그 행동을 실천할 수 있는 의지와 용기가 있는 사람은 많지 않다. 이것이 바로 감정의 위력이고, 우리가 감정 앞에서 이성을 잃고 나약해져서 경제적으로 바람직하지 못한 선택을 하는 이유이다.

**우리는 살면서 많은 딜레마의 순간에 직면한다.
그리고 현실에서 솔로몬이 되기는 쉽지 않다.**

그런데 위에 나열한 직업적 의사결정은 사실 정의와 책임의 문제일 뿐, 내 밥그릇의 문제와는 다른 차원의 문제이다. 이것이 만일 투자에 관한 얘기라면 상황이 달라진다.

내가 스터디카페를 개업한 사장이라고 생각해 보자. 내 스터디카페는 5층에 있는데, 하필 내가 오픈한지 채 1년도 되지 않아 같은 건물 3층에 다른 스터디카페가 오픈했다. 매일 그 건물을 오르내리며 그 스터디카페가 눈에 보인다. 생각만 해도 밉다. 눈에 보일 때마다 화가 난다.

저 스터디카페가 내 잠재적 고객들을 다 뺏어가는 주범인 것만 같다. 그런데 놀랍게도 알고 보면 그 동네에는 4~5개의 스터디카페가 더 있다. 단지 내 눈앞에 직접 보이지 않을 뿐이다. 잠시 스터디카페를 물색하는 고등학생의 입장에 감정이입을 해 보자. 맘에 드는 스터디카페를 찾기 위해 직접 모든 스터디카페를 돌아다니며 발품을 팔기보다는 인터넷 포털에 근처 스터디카페를 검색해 보고 후기와 별점, 이동 거리와 영업시간, 이용 요금 등을 비교하는 것이 사실 이 학생에게는 스터디카페를 결정하는 데 더 결정적인 역할을 한다. 알고 보면 내 경쟁자는 내 눈에 보이는 같은 건물 3층이 아니라, 동네 곳곳에 포진해 있지만 당장 내 눈앞에 보이지는 않는 여러 스터디카페인 것이다. 하지만 많은 경우에 우리는 어리석게도 우리 눈앞에 보이는 것들만을 믿어버린다.

이렇듯 감정은 종종 경제적으로 합리적인 판단을 하는 이성과 논리를 흐리게 만든다. 머리로는 알지만 당장 내 마음이 가는 쪽으로 결정을 내린다. 많은 소비자들은 현금이나 체크카드를 쓸 때보다 신용카드를 쓸 때 더 많은 소비를 하는 경향이 있다. 이 또한 당장 내 눈앞에 빠져나가는 지출에 더 큰 가치를 부여하기 때문이다. 또 어떤 연구 결과에 따르면 호텔에서 아무 일 없이 조용히 잘 묵고 떠난 고객들보다 불만이 생겨서 컴플레인을 걸고 이에 대해 호텔이 만족스러운 대처를 해 주었던 경험이 있는 고객들이 더 높은 만족도를 보였다고 한다. 대화와 교류를 통해 얻은 친밀감이 이성과 논리보다 앞선 것이다.

다른 사례를 들어보자. 집 앞 매장에서 5만 원짜리 신발을 사려고 보니 10분 거리에 있는 다른 매장에서는 같은 신발을 4만 원에 판다고 한다. 당신은 만 원을 더 아끼기 위해 10분을 더 이동하겠는가? 그렇다면 20만 원짜리 신발장을 10분 거리의 매장에서 19만 원에 파는 경우는 어떠한가? 만일 두 질문에 대한 대답이 다르다면 이 역시 감정과 느낌이 이성과 논리를 방해한 것이다.

앞서 **소유 효과(Endowment Effect)**에 대해 얘기한 바 있다. 경제적 의사결정 능력과 사업 수완이 탁월한 대기업의 총수라도 내가 창업해서 굴지의 기업으로 성장시킨 회사는 그 정서적 애착 때문에 쉽게 매각하지 못한다. 내가 소중한 가족들과 오래 살았던 집과 동네는 그 추억과 흔적 때문에 꽤 괜찮은 가격에도 쉽게 팔지 못한다.

내가 오랫동안 갖고 있던 악기나 낡은 책은 더 이상 쓸모가 없더라도 쉽게 버리거나 팔지 못한다. 이러한 소유효과 또한 감정이 올바른 의사결정을 방해하는 대표적 사례이다.

어쩌면 우리는 경제적 가치를 측정할 수 없는 추억이라는 것에 더욱 큰 가치를 부여하고 있는 것일지도 모른다.

앵커링 효과(Anchoring Effect)도 마찬가지이다. 실제 내가 매수한 주식 종목의 시장 가치는 2~3만 원에 불과함에도 내가 매수한 5만 원이 내 마음속 기준점이기 되어 버리기 때문에 합리적 매도 타이밍을 결정하지 못하게 만든다. 앞서 설명한 **손실 회피 효과(Loss Aversion Effect)**도 같다. 큰 이득을 보기 위한 욕심보다 손실을 보는 두려움이 더 크기 때문에 오른 종목은 금방 팔아 버리지만 떨어지는 종목은 쉽게 팔지 못하고 계속 보유하게 된다.

이 장에서는 이와 비슷한 행동경제학의 이론을 하나 더 이야기해 보고자 한다. 우리는 나이를 먹을수록 두 눈을 감고 두 귀를 막고 자신을 더 작은 새장에 가두며 시야를 점점 좁혀가곤 한다. 내 눈 앞에 펼쳐진 세상과 내 눈으로 본 사건과 사람들은 온 세상의 극히 일부일 뿐이고 대부분의 세상은 내 눈에 보이지 않는 저 너머에 있지만, 우리는 두려움 때문에 그 세상에 함부로 다가서지 못한다. 두려움은 나를 작아지게 만들기 때문에 우리는 두려움을 없앨 필요가 있다.

대표적인 두려움은 감정을 대할 때 나타난다. 이별이나 상실, 슬픔이나 아픔, 참회나 후회의 감정을 겪고 난 뒤에는 다시 그 감정을 겪기가 두려워진다. 안타깝게도 많은 경우에 감정의 학습은 쉽게 되지 않기 때문이다. 그리고 이렇게 이미 과거에 겪어본 감정에 대한 두려움은 경제적 의사결정에 큰 영향을 미친다. 즉 내게 경제적인 이득을 가져다주는 합리적 선택이 아닌 부정적 감정을 느끼지 않게 하는 선택을 하게 되는 것이다.

투자에서 큰 손실을 경험한 사람은 그 손실을 다시 겪지 않으려 한다. 그런데, 당신이 두려워하는 것은 과연 손실인가? 아니면 손실로 인한 후회라는 감정인가? 우리는 대개 두 종류의 후회를 한다. 해서 후회하거나, 안 해서 후회하거나. 그렇다면 어떤 경우 더 많은 후회를 하는가? 많은 사람들이 이런 질문에 대해 해 보지 않고 후회하는 것보다는 해 보고 후회하는 것이 낫다고 답한다. 맞다. 수많은 사람들이 이야기하는 데에는 다 이유가 있다. 후회는 해 보지 않아서 느끼는 후회가 더 강하고 빈번하게 일어난다.

후회는 다시 겪고 싶지 않은 대표적인 부정적 감정이다.
하지만 우리는 후회를 밑거름 삼아 성장하고 성숙해진다.

이를 투자와 관련해 다시 설명해 보자. 투자에서도 우

리는 비슷하게 두 종류의 후회를 한다. 첫째는 어떤 주식 종목에 투자했다가 손실을 본 뒤 하는 후회이고, 둘째는 크게 오른 주식 종목에 투자하지 않아서 이득을 보지 못해 하는 후회이다. 그리고 앞서 설명한 바와 같이 이런 후회를 경험한 사람은 다음 투자에서는 이를 다시 겪지 않기 위한 방향으로 의사결정을 한다.

 과거에 손실을 경험한 사람은 더 이상 위험한 종목에 투자하지 않으려 지나치게 보수적인 투자를 하고, 주가가 하락하는 상황에서도 장기간 매도하지 않고 계속 보유한다. 이러한 경향은 앞서 설명한 **소유 효과(Endowment Effect)** 와 맞물려 더 심해진다. 투자라는 경제적 의사결정에 감정이 개입되었기 때문에 잘못된 판단을 하는 것이다. 드디어 이 장의 본론이다. 먼 길을 돌아왔다. 이처럼 후회라는 감정을 회피하기 위해 비합리적인 의사결정을 하는 심리를 우리는 **후회 회피 효과(Regeret Aversion Effect)** 라고 부른다.

 후회 회피 효과에 대해 더 자세히 설명해 보겠다. 방금 두 종류의 후회 중 더 강하고 빈번한 후회는 해 보지 않아서 하는 후회라고 했다. 투자도 마찬가지다. 손실을 본

종목을 매도하지 않은 것보다, 크게 오른 종목을 내가 매수하지 않아서 이득을 못 본 것에 우리는 더 큰 후회를 느낀다. 그리고 이 경우에도 사람들은 다음 투자에는 이 후회를 회피하기 위한 의사결정을 한다.

이때 가장 안전한 선택은 남들이 하는 투자를 따라 하는 것이다. 만약 이 종목이 오르는 경우, 다 같이 투자했기 때문에 두 번째 유형의 후회는 하지 않아도 된다. 반면 손실을 보는 경우 첫 번째 유형의 후회는 하게 되겠지만 두 번째 유형의 후회를 하는 것보다는 낫다. 이처럼 정서적 안정감을 위해 대다수의 경제적 의사결정을 따라서 나의 의사결정을 하는 것을 **군집 행동(Herding Behavior)**라고 부른다.

길을 모를 때에도 심리적으로 가장 안전한 선택은
남들이 서 있는 줄 뒤에 따라 서는 것이다.

하지만 감정의 관점이 아닌 경제적 관점에서 냉철하게 생각해 보면 남들이 다 산 그 종목을 따라 사지 않았다면 그 종목이 오르든 떨어지는 내 자산은 변하지 않는다. 타인의 자산 변화만 존재할 뿐이다. 앞서 우리 인생의 궁극적 목표는 행복의 추구라고 했다. 당신의 행복을 위한 조건은 타인의 손실인가, 당신의 이득인가?

남들이 돈을 벌 때 같이 벌지 못하는 것을 우리는 '배아픔'이라고 부른다. 반면 내가 손실을 보거나 내 재산이 적어 느끼는 감정을 우리는 '배고픔'이라고 부른다. 당신은 당신의 행복을 위해 배아픔을 느끼지 않는 것과 배고픔을 채우는 것 중 어느 것이 중요한가? 우리는 머리로는 답을 알고 있지만, 현실의 많은 경우에 우리는 내가 배고프더라도 배아픔을 겪지 않는 것을 우선시하여 시기와 질투라는 감정을 갖곤 한다. 바로 후회 회피 효과에 따른 의사결정의 실수이다. 하지만 안타깝게도, 자본주의 사회에서 배고픔은 채울 수 있어도 배아픔은 치료할 수 없다. 남이 쫄딱 망하든 남이 벼락부자가 되든 내가 소비하고 먹고 즐기고 누리는 내 환경은 아무것도 변화하지 않는다.

아무튼, 이러한 군집 행동은 나에게 정서적 안정감을 줄지는 모르지만 그 투자의 실질적 위험성과는 아무런 관련이 없다. 즉 알고 보면 위험성이 높은 투기성 종목이더라도 대다수가 휩쓸려 매수하게 되면 집단적인 '묻지마 투자'가 되어 버리는 것이다. 실제 현실에서도 우리는 이러한 집단적인 '묻지마 투자'로 인한 금융사기나 금융 범죄 뉴스를 많이 목격하곤 한다. 투자의 안전성과 수익성은 남들의 선택이 아닌, 오로지 자신의 주체적인 분석과 판단에 의해 결정되었을 때에만 비로소 그 책임이 담보될 수 있는 것이다.

그래서 앞서 5장에서 얘기했듯이 투자는 남들이 안 하는 것, 하지 말라는 것만 골라서 해야 큰 돈을 벌 수 있다. 고점매도와 저점매수는 우리가 익히 잘 알고 있는 투자의 기본 원칙이다. 며칠 연속 하한가를 쳐서 주가가 많이 떨어진 종목이 오히려 큰 돈을 벌 수 있는 기회이지만 이를 과감하게 매수하는 사람은 현실에 얼마나 될까? 아이러니하게도 우리 주변에 많이 발견되는 것은 이미 많이 급등한 종목을 미래의 '배아픔'을 회피하기 위해 따라 사는 추격매수의 사례가 대부분이다.

저점매수와 고점매도는 투자의 기본 원칙이다.
당신은 이를 잘 실천하고 있는가?

 그렇기에 투자로 큰 돈을 버는 사람은 소수이지만 손실을 보는 사람은 너무나 많은 이유다. 그럼 도대체 어떻게 주체적인 판단과 결정을 할 수 있는지 궁금해졌는가? 5장에서 이야기한 1%와 99%의 사례를 다시 떠올려 보라. 선례는 가장 좋은 교과서이다.

INSIGHT 20

무례를 파격으로 바꾸는 방법

'진짜'는 늘 조용하다,
졸부와 재벌의 차이

평범한 대학생처럼 보이는 남자는 사실 백만 달러의 가치를 지닌 아이폰 앱의 개발자이다.(위) 청소부처럼 보이는 남자는 사실 미국 경제전문지 Fortune에서 선정한 글로벌 500대 기업 중 한 곳의 CEO이다.(아래)
(출처: Judging America, by Jeol Pares)

앞에서도 설명하였지만 많은 사람들이 눈에 보이는 것만을 믿는다. **앵커링 효과(Anchoring Effect)**에 따르면 사람에 대한 평가나 판단은 첫인상으로 결정된 기준점에 의해 큰 영향을 받는데, 이 첫인상을 결정하는 절대적인 요소가 바로 겉모습이다. 우리는 외면보다 내면이 중요하다는 교훈을 어릴 때부터 배우고 사람을 외관만 보고 판단하는 것이 큰 오류라는 것을 여러 경험을 통해 깨닫게 되지만, 어리석게도 그것이 사람을 판단하는 방법 중 가장 쉽고 빠르고 편한 방법이기 때문에 같은 실수를 반복하곤 한다. 앞서 백종원과 상인들의 사례를 통해 설명하였듯 내게 익숙하고 편한 방식의 변화를 요구받는 것은 가장 귀찮고 성가신 일 중 하나이기 때문이다.

그래서 사실 잘 생각해 보면 친근해 보이는 외관은 때로는 가장 강력한 무기가 된다. 많은 사람들은 겉으로 보아 내가 다루기 쉬워 보이거나 나보다 열등하거나 가진 것이 없어 보이는 사람에게는 사람들은 쉽게 자신의 본성을 가감 없이 드러내기 때문이다.

사실 많은 경우에 배려와 존중은 당위보다는 의지의 문제인 경우가 많다. 대다수의 사람들이 남을 배려하고 존중하는 것이 중요하고 마땅히 해야 하는 가치 있는 일이라는 당위에 대해서는 잘 알고 있지만, 사실 앞서도 말했듯 당위와 의지는 별개의 문제이다. 대다수 사람들은 당위에 대한 인지와는 별개로 상대가 나에게 긍정적이든 부정적이든 내가 처한 환경과 상황에 영향력을 끼칠 수 없다고 생각하는 경우 굳이 노력과 에너지를 들여 존중하고 배려하려 하지 않는다. 앞서 말했듯 귀찮고 성가신 일이기 때문에 나에게 당장 편한 선택을 하기 때문이다. 반면 내 밥그릇에 어떤 방식으로든 영향력을 미칠 만한 사람이라고 생각되면 언제 그랬냐는 듯 태도를 바꾸어 앞장서서 존중과 배려의 태도를 보인다. 그것이 소위 말하는 강자에게 약하고 약자에게 강한, '강약약강'이다.

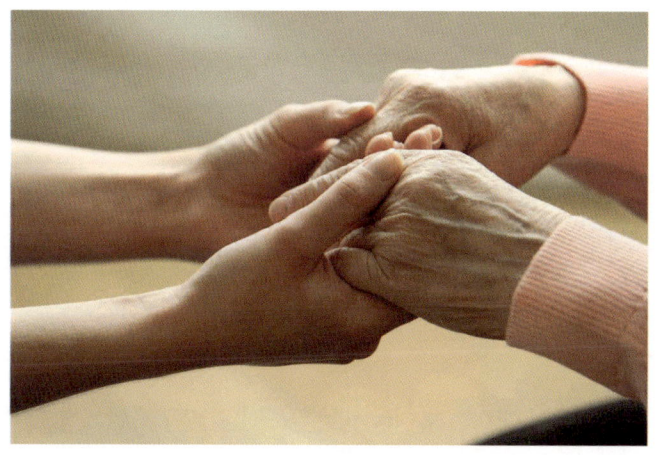

존중의 가치에 대해서는 대부분의 사람들이 잘 알고 있다. 하지만 당위와 의지는 다른 문제이다.

그런데 대체로 상대방이 가진 그러한 영향력의 유무에 대한 판단은 어리석게도 상대방의 외관만을 보고 이루어지는 경우가 많다. 놀랍지 않은가? 배려와 존중을 하는 데에는 귀찮고 성가신 에너지와 노력이 상당히 필요함에도 불구하고, 모순되게도 그 전제 조건이 되는 상대의 능력에 대한 판단은 에너지와 노력이 필요 없는 단지 겉모습만을 통한 판단에 의존한다는 것이다.

이러한 현상은 왜 발생할까? 6장에서 설명한 **정보의 비대칭(Asymmetric Information)** 문제 때문이다. 나는 상대의 배경과 능력에 대해 어떠한 정보도 갖고 있지 않지만 상대는 자신에 대해 모든 정보를 갖고 있다. 정보의 비대칭 문제를 해결하기 위해서는 상당한 노력과 시간이 소요되지만, 당장 상대를 대면한 상황에서 내가 어떤 행동을 해야 할지 결정해야 하는 그 찰나의 순간에는 그러한 시간과 노력을 들이는 것이 불가능하다. 따라서 상대로부터 얻을 수 있는 유일한 정보인 외형을 보고 그 판단의 근거로 삼게 되는 것이다.

따라서 상대에 대한 정보를 알고 있다면 그 판단과 결정은 전혀 달라지게 된다. 만약 눈앞에 있는 허름한 차림새의 노인이 유명한 대학 교수라는 배경 지식을 알고 있다면, 최선을 다해 존중과 배려를 베푸는 것이 자연스러운 선택이 될 것이다. 핵심적인 정보를 알고 있기 때문에 외형이라는 부수적인 정보는 더 이상 별로 중요하지 않기 때문이다.

 그런데 여러 실험과 연구에 따르면, 상대에 대한 정보를 알게 된 순간 이러한 판단의 변화는 매우 극단적으로 나타난다. 명품 매장에서 이루어진 한 실험에서 어떤 사람은 비싼 명품 정장에 명품 시계를 차고 매장에 들어가 쇼핑을 하였고, 다른 한 사람은 운동복 차림에 싸구려 시계를 찬 채로 쇼핑을 하였다. 놀랍게도 그 매장의 직원들은 명품 시계를 찬 사람보다 싸구려 시계를 찬 사람이 능력이나 사회적 지위가 더 높을 것으로 생각하였다.

 또 다른 실험에서도, 실험에 참가한 아이비리그 대학생들은 허름한 옷차림에 수염이 덥수룩한 교수가 정장에 넥타이를 매고 깔끔하게 면도를 한 교수보다 더 학식이나 명망이 뛰어날 것으로 판단하였다고 한다. 이는 상대의 뛰어난 능력에 대한 배경지식을 충분히 갖고 있는 경우, 사람들은 오히려 사회적 규범과 규율을 파괴할 수 있는 **룰 브레이커(Rule Breaker)**가 그만큼 사회적 시선에 개의치 않을 만큼의 당당함과 자신감을 갖추었을 것이라고 생각하기 때문이다. 행동경제학에서는 이러한 현상을 가리켜 **빨간 운동화 효과(Red Sneakers Effect)**라고 부른다.

여기서 가장 중요한 핵심은 상대방이 지닌 사회적 지위와 능력에 대한 배경지식을 충분히 갖고 있다는 것이 전제되어야 한다는 것이고, 실제로 그 사람이 지닌 사회적 지위와 능력이 뛰어나야 한다는 것이다. 대학 교수에 대한 동일한 실험이 순위가 낮고 유명하지 않은 대학의 교수를 대상으로 이루어졌을 때는 정반대의 결과를 보인 것이 이를 증명한다.

사실 인생을 살면서 배우는 교훈 중 하나는 '진짜'는 늘 조용하다는 것이다. 시험을 잘 보고 성적이 높은 진짜 최상위권은 자신의 실력을 굳이 말로 떠벌리지 않고 결과로 보여준다. 반면 자신의 실력을 말로 떠벌리고 다니는 학생은 그 증명이 행동과 결과로 이루어지지 않을 가능성이 높다. 졸부는 늘 과시하며 자신이 가진 재산과 부를 계속 드러내려 하지만, 진짜 재벌들은 겸손하며 조용하다. 과시는 결핍에서 비롯되고, 과시의 가장 쉬운 방법은 외면의 포장이기 때문이다.

스티브 잡스와 마크 저커버그는
구태여 외면을 포장하려 애쓰지 않는다.

즉 내면의 결핍이 많아서 그것이 탄로날까 두려운 사람은 외면의 포장에 많은 투자를 한다. 사람들을 화려한 언변으로 홀려 내면이 부실한 상품을 팔아 단기간에 많은 실적을 올려야 하는 누군가는, 상품의 부실한 내면만큼이나 본인의 부실한 내면이 드러날까 두려워 멋진 외제차, 번듯한 수트, 깔끔하고 세련된 헤어로 자신의 외면을 완벽하게 포장하려 한다. 하지만 아이러니하게도 그들의 외면이 더욱 완벽하게 포장될수록 사람들은 그들의 초라한 내면을 적나라하게 알아채기 마련이다.

하지만 많은 업적으로 그들의 능력을 증명하여 내면이 넘치도록 충만한 사람은 외면을 전혀 포장하지 않고 굳이 포장하려 애쓰지도 않으면서 날것 그대로의 모습을 대중에게 드러낸다. 그럼에도 모두가 그들의 뛰어난 능력과 명성을 잘 알고 있다면 그들을 우러러보고 위대한 사람이라 치켜 세워준다. 따라서 세계 산업의 트렌드를 만들고 새로운 시장을 창조한 스티브 잡스나 마크 저커버그는 허름하고 편한 티셔츠에 청바지만 입고 수만 명의 청중을 마주하여도 모두가 그의 충만한 내면을 이미 알고 있기 때문에 사람들은 그들에게 경의와 찬사를 보내는 것이다.

사실 스티브 잡스와 마크 저커버그는 아마 이 **빨간 운동화 효과**를 이미 경험적으로 체득하고 있었을 것이다. 실제로 **빨간 운동화 효과**를 수없이 체험한 성공한 유명인들은 이를 적극적으로 그들의 권위를 높이고 권력을 드러내는 데 활용하기도 한다. 푸틴은 의도적으로 상습적인 지각을 하는 것으로 유명하며, 2013년 방한했던 빌 게이츠는 박근혜 대통령과의 만남에서 주머니에 손을 넣은 채로 악수를 해서 논란이 되기도 했다. 2024년 하이브를 상대로 한 기자회견에서 당시 어도어 민희진 대표가 캐주얼한 옷차림에 야구 모자를 쓰고 나온 것도 **빨간 운동화 효과**를 활용한 의도적인 전략으로 볼 수 있다.

따라서 만약 내가 언제 어디에서든, 누구를 상대로 하든 늘 배려받고 존중받고 싶다면 두 가지 조건을 먼저 달성하면 된다. 첫째는 내가 실제로 그의 상황과 환경에 영향력을 미칠 수 있는 능력을 지니고 있어야 한다는 것이고, 둘째는 내가 별다른 노력을 하지 않아도 상대방이 이미 그 능력과 명성에 대한 정보를 알 수 있을 만큼 충분히 내가 나의 능력에 대한 사회적 증명을 이루어 내면 된다. 그러면 나의 무례는 파격이 될 것이고, 비난은 찬사가 될 것이다. 유명한 명언이 있지 않은가. 일단 유명해지면, 사람들은 똥을 싸도 박수를 쳐 줄 것이라고.

앞서 '진짜'는 조용하다고 했다. 최상위권 학생은 말이 아닌 결과로 자신의 실력을 보여주지만, 애매한 중상위권 학생은 결과와 행동보다 말로 자신을 과시하는 데 급급하다. 많은 사람들은 눈에 보이는 것들만 믿는다. 세상은 눈에 보이는 결과와 증명을 믿을 뿐, 그 과정에서 내가 얼마나 많은 준비를 했고 내게 얼마나 철저한 계획이 있는지는 궁금해하지 않으며 궁금해할 당위도 이유도 없다. 만약 당신의 완벽한 노력과 계획에 대한 설명을 아무도 들어주지 않는다면, 결과로 먼저 증명하라. 세상을 바꾸고 싶다면, 세상을 바꿀 만한 힘을 먼저 갖고 그것을 증명하라. 그러면 당신이 굳이 먼저 설명하지 않아도, 세상이 당신에게 먼저 물어볼 것이다.

알면 도움되는 20가지 경제학

발행 | 2024년 11월 29일
저자 | 이승도
표지·편집·디자인 | 이승도

펴낸이 | 이승도
펴낸곳 | 책도사
📍 경기도 용인시 수지구 광교중앙로296번길 10, 207(제74)호
✉ sengdo21@naver.com

ISBN | 979-11-987284-7-0
값 | 16,800원

@ 이승도 2024
본 책은 저작자의 지적 재산으로서 무단 전재와 복제를 금합니다.